Hans-Dieter Schütt

Nimm dir das Leben!

Die Philosophie der Lebenskunst
oder
Über den Vorteil, geboren zu sein

Das Neue Berlin

Ich möchte Sie gern in einer wichtigen Angelegenheit um ein Selbstgespräch ersuchen.
(Zirkusdirektor Cotrelly in Wedekinds „Hidalla", zitiert nach Alfred Polgars Besprechung im September 1922)

Vergiß die Angehörigen, bestärke die Unbekannten, bück dich nach Nebensachen, weich aus in die Menschenleere, pfeif auf das Schicksalsdrama, mißachte das Unglück, zerlach den Konflikt. Beweg dich in deinen Eigenfarben, bis du im Recht bist ...
Peter Handke

Vom Vorteil, geboren zu sein

Günter Gaus, in der Inszenierung von Interviews spartanisch bis zum Klassiker seiner selbst, hat stets untersagt, seine TV-Gespräche in Ausschnitten zu senden. Das Fernseh-Interview als Produktionsverhältnis, in dem ein kompakter Zusammenhang entsteht, der in die Einheit von Ort, Zeit und Handlung eingebettet bleibt.

Was Gaus praktiziert, ist eine widerständige Geste der Kultur gegen die Verbrauchssitte von The-Best-of-Häckslern. Jedes Interview freilich, das ins Schriftliche übersetzt werden soll, gerät von vornherein in eine andere Praxis der Veröffentlichung; es findet Gestaltung jenseits der unmittelbaren Gesprächssituation statt. Verdichtungsnot wird im besten Falle Tugend und äußert sich, hier und da, als Tendenz zur Sentenz.

Ein Rückblick auf größere, ausführliche Interviews, im Verlaufe der letzten Jahre für die Tageszeitung „Neues Deutschland" bzw. für einige Porträtbücher entstanden, hat mir Einzelstücke offenbart – von der Ideenskizze über die Episode bis zum Aphorismus –, die zu zwangloser Verknüpfung reizten. Vermeintliche Gewißheiten, funkelnde Erinnerungen, brennende Erfahrungen, vorläufige Weisheiten, weltoffene Befürchtungen. In der Form: jähe Eingebungen, vortastende Zumutungen, freche Heiterkeiten. Angreifstücke, die doch selber immer auch angreifbar bleiben. Und doch hoffentlich mehr sind als das, was diese Talk-Zeit des „allgemeinen, beruhigenden Getuschels" (Botho Strauß) täglich aufbietet.

Vielleicht kann der eine oder andere Satz einem Lesenden ein zeitweiliger Begleiter sein. Als Frage, als Bestätigung, als Verwirrung, als Gelegenheit zum Widerspruch – bei der Sorge um sich selbst, beim Versuch also, sich weiter in der Kunst der Existenz zu üben. Und das heißt immer auch, sich in gänzlicher Illusionslosigkeit über das Zeitalter doch rückhaltlos zum Leben zu bekennen. In der Gesellschaft – und in den darin entstehenden, individuell verschiedenen Gegenwelten.

Die Lust zur Neuanordnung von Interviewpassagen zieht Beliebigkeit in jenem Sinne nach sich, die etwas mit Belieben zu tun hat, mit dem Bekenntnis zu dem, was einem selbst besonders nahesteht an Haltung, Frage, Zweifel, Behauptung. Es geht um Wellenlängen, denen man sich anschließen kann. Einige Interviews im Wortlaut sind schon im Gespräch starke Konzentrationen aufs Thema der Lebenskunst gewesen, so daß sie sich einer Parzellierung gleichsam verweigerten.

Der französische Philosoph und Aphoristiker E. M. Cioran sprach vom „Nachteil, geboren zu sein". In diesem Buch geht es um einen Vorteil. Nicht um den, den man sich zu verschaffen hat, um auf der Höhe der Zeit zu sein, sondern um den, der einem mitgegeben ist und den zu entdecken tägliches Leben lohnt. Es ist der Vorteil, geboren zu sein.

Hans-Dieter Schütt

I
WAS IST LEBENSKUNST?

Wilhelm Schmid
Ein Lob der Bushaltestelle

Dr. Wilhelm Schmid, Sie gelten nach Ihrem Bestseller „Philosophie der Lebenskunst – Eine Grundlegung" als Spezialist fürs Thema. Schon bei den alten Griechen begann Lebenskunst mit der Sorge um sich selbst. Muß man sich jemanden wie Sie, erfolgreicher Philosoph der Lebenskunst, als einen sorglosen, also glücklichen Menschen vorstellen?

Lebenskunst ist kein Zustand, es ist immer Aufgabe. Ich versuche mich in Heiterkeit zu üben, das habe ich mir im Laufe der langen philosophischen Ausbildung angeeignet.

Der Philosoph als Prediger der Fröhlichkeit?

Fröhlichkeit ist ein Affekt, Heiterkeit aber eine Haltung, die zwischen positiven und negativen Erfahrungen die Balance hält. Heiterkeit schließt das Bewußtsein ein, daß Leben latent abgründig ist.

Lebenskunst in Ihrem Verständnis ist aber kein zynisches Zurücklehnen?

Die Abgründigkeit immer mitzudenken, heißt nicht, sich ihr zu ergeben. Also keine Resignation, dazu ist das Leben viel zu schade! Zu einer Gelassenheit zu kommen, die voller Spannung ist, das erscheint mir erstrebenswert! Sie besteht darin, Widersprüche auszuhalten und sie zu leben, durchaus in der Hoffnung auf eine Lösung – von der man aber wissen sollte, daß sie nur wieder in neue Widersprüchlichkeiten führen kann.

Sozialistische Utopien haben noch immer etwas von diesem Wunschtraum, man könne bestimmte Widersprüche so lösen, daß sozusagen bloß die angenehmen übrig blieben. Im Sozialismus, so ein Aphorismus von André Brie, gibt es nur noch positive Widersprüche.

Ja, so hätte man das gern, das ist zutiefst modern. Aber das Leben wird uns den Gefallen nicht tun. Wirklich leicht wird Leben nie. Immer, wenn man einen Widerspruch aufhebt, wird ein neuer aufgerissen. Sind bestimmte materielle Widersprüche gelöst, brechen neue politische Widersprüche auf. Was wir hier verbessern, führt zur Verschlechterung dort.

Aber das ist jetzt kein Plädoyer gegen Utopien?

Ohne Utopie leben zu wollen, wäre ein gefährlicher Verzicht auf den langfristigen Horizont.

Welches wäre denn Ihre Utopie – im Zeitalter des Nach-Utopischen, die großen Weltentwürfe betreffend?

Die heutige Utopie ist für mich die ökologische, nicht mehr jene sozialistische End-Utopie, die meint, Klassen verschmelzen zu können. Zweifellos gibt es soziale Fragen, aber wenn wir die ökologische Frage nicht klären, können wir uns alle anderen Antworten sparen.

Als Sie von Heiterkeit sprachen, dachte ich für einen Moment: Das ist die Technik dafür, sich überhaupt nicht mehr einzumischen.

Gelassenheit führt zum Standpunkt über den Zinnen. Sie macht es schwer, auf eine allzu simple Weise parteilich zu sein, das ist wahr. Und es besteht auch die Gefahr der Privatheit, ja. Aber wer sich unter Berufung auf seine Lebenskunst zurückziehen würde, könnte sich seiner Heiterkeit wahrscheinlich nicht mehr lange sicher sein. Um ein Beispiel für meine eigene Auffassung von Lebenskunst zu geben, engagiere ich mich seit längerem als Gastdozent in Osteuropa, etwa an der Staatlichen Universität Tiflis in Georgien. Auch arbeite ich regelmäßig als Philosoph in einem Krankenhaus.

Setzt Ihre Auffassung von Lebenskunst nicht einen äußerst starken Menschen voraus?

Das ist das zentrale Problem: die Selbstmächtigkeit zu gewinnen, an der es häufig mangelt. Es ist nicht subjektives Versagen, sondern da lastet ein gesellschaftlicher, sozialer Druck auf den Menschen, der psychische Auswirkungen hat. Die Gespräche im Krankenhaus haben unter anderem den Sinn, hier zu helfen, bis hin zu Übungen, die von den Psychotherapeuten geleitet werden. Die Moderne ist die Epoche der Auflösung von Zusammenhängen, der Fragmentierungen – angesichts dessen muß man, und sei es im kleinen, Zusammenhänge neu gründen! Ohne sie läßt sich kein Sinn im Leben finden.

Zusammenhänge aufzulösen, zu zerstören – dies ist aber die hauptsächliche Konsequenz aus der Freiheitsauffassung der Moderne.

Dem setzt das Projekt der Lebenskunst die Freiheit als Formgebung entgegen. Das wäre bewußte Wahrnehmung von Verantwortung für sich selbst wie für andere. In diesem Sinne bedeutet Lebenskunst, die großen Dinge herunterzudeklinieren auf die Ebene der eigenen Alltäglichkeit: Sich nicht nur unentwegt zu befreien von anderen, sondern Beziehungen zu gründen und an ihnen festzuhalten, trotz Widrigkeiten und Konflikten. Politik beginnt in uns – ich nenne das die Innenpolitik des Selbst.

Erkenne dich selbst! Ist das Teil der Lebenskunst?

Erkenne, daß du ein Mensch bist – das war ursprünglich mit diesem delphischen Spruch gemeint. Das ist der entscheidende Punkt, da diese Erkenntnis unweigerlich zur Selbstrelativierung führt. Leider halten wir uns alle ja für kleine Götter und haben zum Beispiel Schwierigkeiten, mit unserer Endlichkeit klarzukommen.

Wir handeln – aber wir sind unfähig, aus Geschichte zu lernen.

Aber woraus sonst sollten wir denn lernen können, wenn nicht aus der Praxis, die freilich bitter genug ist. Ich glaube nicht, daß Lernen an sich das Problem ist, sondern unsere Zeitvorstellung vom Lernprozeß. Kurzfristig lernen wir menschheitlich wohl nichts, aber in Schritten von, sagen wir, hundert Jahren. Das geht über die Erfahrung eines Menschenalters hinaus, und da liegt unsere Tragik. Der Faschismus hat gezeigt: In dieser Richtung steht der Weg der Menschheit nicht offen – aber fünfzig, sechzig Jahre reichen halt nicht aus, diese Lektion wirklich so zu verstehen, daß ihre Lehren Gattungsmerkmal werden könnten. Auch werden wir nie definitiv theoretisch festlegen können, welche Gesellschaft die bessere ist und welche Marschrichtungszahl also einzustellen sei.

Wir denken uns das bestmögliche Alternativsystem zum Kapitalismus aus und setzen es ins Werk.

Davor hätte ich Angst. Wer sagt denn, daß es, auf Anhieb gar, funktioniert?

Muß ja nicht, sagen einige, aber ein neuer Versuch müsse trotzdem immer wieder gemacht werden.

Ich fürchte, wir würden erneut zweihundert Jahre lang bitteres Lehrgeld zahlen, und Lehrgeld heißt hier: vielleicht wieder Millionen Tote.

Dann doch lieber an das unvollkommene gegenwärtige System anknüpfen und es mählich von innen modifizieren?

Ja. Da haben wir doch längst noch nicht alle Möglichkeiten ausgeschöpft. Der Traum vom Fortschritt im Sinne von Verbesserung ist nicht ausgeträumt, er ist nur nicht mehr in den Horizont eines idealen Systems zu stellen, sei es kapitalistisch oder sozialistisch. Vor allem dürfen wir nie vergessen: Wir sind selber Teil des Systems, und jeder entscheidet für sich selbst, wie er zur Veränderung beiträgt. Kaufe ich konventionellen oder alternativen Strom? Das ist ein kleines Quentchen Anteil am Verändern, aber es ist meins. Wer das verachtet, wer lieber alles haben will, und zwar sofort, denkt cäsarisch.

Welche Rolle spielen Freiheit, Gerechtigkeit?

Diese Werte kommen überhaupt nur in die Welt, wenn wir ihnen in unserem eigenen Leben Realität geben.

Es ist eine landläufige Logik von sozialistischem Denken, daß Freiheit und Gerechtigkeit ohne Widerspruch zusammenzudenken seien.

Versuchen Sie einen familiären Sonntagsausflug zu organisieren. Jeder will woanders hin – dies zu ermöglichen, wäre Freiheit. Nur fände dann der gemeinsame Ausflug nicht statt. Sich mehrheitlich zu einigen, ist vielleicht gerecht, aber nur ein Kompromiß. Freiheit ist Überschwang, Gerechtigkeit bedeutet Teilung. Optimale Gerechtigkeit auf der Basis optimaler Freiheit gibt es nicht – daher der Vorschlag, pragmatisch jenen Punkt ausfindig zu machen, an dem die widerstreitenden Seiten halbwegs zusammenleben können.

Was verstehen Sie unter – der Begriff fiel vorhin – „Innenpolitik des Selbst"?

Wenn wir über uns selbst reflektieren, bemerken wir bald, daß unser Ich auch aus so etwas wie einer ganzen Gesellschaft besteht. Nicht nur aus „zwei Seelen" wie bei Goethe, vielmehr wirbelt es nur so von Widersprüchen; unser Denken und Fühlen ist ein Parlament des ständigen und heftigen Streits innerer Gegensätze. Diese „Gesellschaft" halbwegs kooperativ zu organisieren, ihre ruinösen Tendenzen zurückzudrängen – das ist eine Aufgabe der Lebenskunst, und das Ziel besteht darin, daß wir uns nicht ständig wie ein Ordnungshüter mit uns selber befassen müssen. Erst wenn das gelingt, haben wir die Energie zur Verfügung, an äußerer Politik mitzuwirken. Das heißt: die Widersprüche in der „großen" Gesellschaft miteinander zu vermitteln, Kompromisse mit den gegenläufigen Interessen zu finden. Letzten Endes unseres eigenen Egoismus wegen müssen wir uneigennützig handeln.

Könnte man sagen: sich mit sich selbst zu befreunden, sei die Grundlage dafür, sich mit anderen befreunden zu können?

Unbedingt. Überall dort jedoch, wo aus Mangel an Selbstbeziehung die Beziehung zu anderen nicht gefunden wird, gibt es die fatale Neigung, soziale und politische Verhältnisse für alles haftbar zu machen.

Das System ist schuld!

Natürlich ist das System schuld, immer! Und dann? Bin ich doch wieder auf mein eigenes Leben zurückverwiesen. Was soll ich tun? Ganz klein anfangen! Wie ich täglich aus dem Haus gehe, mit welchem Gesicht, das prägt gesellschaftliche Wirklichkeit. Wie andere Menschen auf uns wirken, das kann uns bekanntlich den ganzen Tag verderben – so aber können auch wir auf andere wirken. Das ist banal, aber das Wesentliche steckt nun mal im Banalen. Es geht um einen Spielraum der freien Weltbegegnung, den ich selber festlege. In jeder auch noch so schwierigen Situation. Es wird immer nur das Soziale in den Beziehungen zwischen Menschen analysiert, viel zu wenig die Frage der bewußt gewählten persönlichen Haltung.

Ich frage jetzt den Westdeutschen: Hat der Mauerfall Ihr Leben verändert?

Ja, sehr. In der Nacht des 9. November 1989 sprang ich über die Mauer am Brandenburger Tor, ging „Unter den Linden" auf und ab und stellte mir nur eine einzige Frage: Wie kann ich mit meinem kleinen Leben dieser neuen großen Geschichte gerecht werden? Ich entschied, fortan nur noch im Osten zu arbeiten.

Was brachte Ihnen der Osten an Erfahrung?

Ein sehr viel größeres soziales Empfinden, weniger Gleichgültigkeit. Das habe ich sehr stark aufgenommen. Viele Freundschaften sind entstanden – andere als im Westen, wo solche Beziehungen größeres Kalkül atmen; die Wege gehen meist nicht so direkt von Seele zu Seele. In Georgien und Lettland habe ich ein kräftiges Gefühl für die Verletzbarkeit von kleinen Gesellschaften bekommen.

Sie verweisen in Ihrer Philosophie der Lebenskunst auf die „Naivität der Anfänge" eines Lebens.

Bei aller Gebildetheit sollte man nicht vergessen, daß es etwas vor dieser Bildung gab, ich meine jenes einfache Nachdenken über das Leben, das stattfand, ohne daß man Homer oder Seneca gelesen hätte. Sich dessen bewußt zu sein, bewahrt davor, arrogant gegenüber den eigenen Bindungen und Wurzeln zu werden.

Diese Naivität der Anfänge – wo fand die bei Ihnen statt? Was haben Sie in der Hinsicht Ihrem Vater, Ihrer Mutter zu danken?

Ich stamme aus einem kleinem Bauernhof in Süddeutschland. Als Junge lernte ich das meiste im Wald; beim Durchstreifen der Landschaft gewann ich meine ersten philosophischen Einsichten. Wenn die Arbeit getan war, ging mein Vater mit mir vors Haus und zeigte mir die Sterne. Das eröffnete mir einen Denkraum des Unendlichen und Unerklärlichen. Meine Mutter holte uns von den Sternen auf den Boden zurück, mit gestopften Socken und warmem Essen. In diesem Spannungsfeld lebe ich noch heute.

Herr Dr. Schmid, wir wollen abschließen, womit wir begonnen haben. Noch einmal also: das Glück. Wann ist ein Tag für Sie ein geglückter Tag?

Kommt darauf an, von welchem Glück wir sprechen. Es gibt drei Arten: Zunächst das Zufallsglück – dem sind wir ausgesetzt, können höchstens etwas tun, indem wir uns dafür offen halten. Und: indem wir diesen Zufall auch wieder gehen lassen, ohne böse zu sein, daß er uns verläßt. Die zweite Art: das Glück der Lüste ...

Es gibt Menschen, die Glück allein damit identifizieren.

Weil Maximierung der Lust von Philosophen am Beginn der Moderne als „Glück" definiert wurde. Aber Lust ist nur bedingt zu maximieren, Unlust und Schmerz lassen sich nicht ausschalten. Lassen Sie mich noch die dritte Art des Glücks erwähnen: das Glück des erfüllten Lebens. Alle drei Arten haben ihre Zeit, aber am interessantesten erscheint mir die dritte, denn damit ist die Fülle des Lebens zwischen allen Widersprüchen, mit allen positiven und negativen Erfahrungen gemeint, zwischen denen die Balance gesucht wird.

Man sollte gegensteuern, wenn der Schmerz zu groß ist?

Wesentliche Einsichten verdanken wir schmerzlichen Erfahrungen; schwierig wird es nur, wenn der Schmerz zu groß wird. Aber vorsichtig sollten wir auch werden, wenn die Euphorien zu groß sind. Ein Leben einzig im positiven Denken ist nicht lebbar. Leben braucht Polarität. Wird diese nicht von uns selbst bewahrt, hat das Leben noch immer Wege gefunden, sie wieder herzustellen.

Was brauchen Sie zum Leben?

Das ist das Wichtigste: die Entscheidung, was wesentlich für das eigene Leben sein soll und was nicht. Nietzsche ging ja sogar so weit zu sagen, nur eines sei not, alles andere sei nachgeordnet. Ich habe mich für ein paar Dinge entschieden, die ich mehr pflege als anderes: einige wenige Beziehungen zu anderen etwa. Was ich nicht brauche, ist mehr als eine Million.

Die aber haben Sie?

Natürlich nicht. Aber wer weiß. Man sollte sich frühzeitig Gedanken machen, was man damit machen würde. Man kommt ja heute, sofern man fernsieht, nicht umhin, irgendwann eine Million zu gewinnen ...

Was machen Sie mit Ihrer Million?

Ich gründe eine Stiftung für Philosophie, um Menschen zu ermöglichen, mit philosophischer Hilfe ihre Lebenskunst zu finden.

Sie sind freier Philosoph. Also verdienen werden Sie sich die Million kaum.

Nichts ist ausgeschlossen. Auf jeden Fall will ich keine feste Stelle mehr wahrnehmen, auch wenn die Bequemlichkeit eines sicheren Monatseinkommens nicht zu verachten wäre. Aber ein bißchen riskant soll das Leben für Philosophen schon sein. Das Schlimmste, was geschehen kann, ist doch nur, auf einiges verzichten zu müssen. Meine Familie wäre glücklicherweise bereit, das in Kauf zu nehmen. Das einzige, worauf ich nicht verzichten kann, ist die Philosophie. Da trifft es sich gut, daß ich meinen Beruf eigentlich immer und überall ausüben kann.

Das Denken ist stets präsent, und ständig entdeckt man neue Zusammenhänge?

Ja, selbst noch beim Warten an der Bushaltestelle.

II

DIE VERSCHWÖRUNG DER HEITERKEIT

Räume, Träume

KONSTANTIN WECKER
Für mich ist es lebenserhaltend, mir immer wieder verkaufsfreie Räume zu schaffen. Nur in einem verkaufsfreien Raum ist Denken möglich. Schon jede Fußgängerzone ekelt mich an, weil sie mir als Erlebnis eingeredet wird.

WOLFGANG ULLMANN
Mein Vater kam im Baltikum um, an der Ostfront. Ich erlebte den Bombenangriff auf Dresden. Zwei Brüder meiner Mutter fielen. Seither sage ich mir: Schau hin, mache die Augen auf, freue dich an jeder Farbe, laß dich überraschen von dem, was ist. Wenn ich aufwache, denke ich: Wie schön, ich konnte ruhig schlafen, draußen ist alles so, als sei Frieden.

GERHARD GUNDERMANN
In einen Baumwipfel klettern – das kann schon bedeuten, sich aus der Welt zu stehlen.

RÜDIGER NEHBERG
Womit beginnt ein Waldspaziergang? Mit Autoabschließen. Auf asphaltierten Wegen stöckelt die Familie dann durch den Wald wie durch einen Zoo und tut umweltfreundlich: Sohnemann wirft das Bonbonpapier nicht weg, Papi ißt keine geschützten Insekten, und Mutti weiß vor Schreck nicht, wohin mit den Kippen. Nach zwei Stunden ist endlich alles vorbei. Auto aufschließen, tschüs, Wald, war nett. – Das Gehen wird nur dann etwas anderes sein können, wenn es nicht auf „lohnende" Ziele verkürzt wird. Man muß die Welt ziellos durchqueren. Wer sich auf die Eigendynamik des Gehens einläßt, wird hineingezogen in ein nichtpragmatisches Verhältnis zur Natur – und sei es auch nur durch die Erfahrung einer überall sichtbaren Zerstörung.

CHRISTOPH RANSMAYR

Gesellschaften, die umschlossen sind von Gebirgen oder anderen Barrieren, halten das eigene, finstere Tal oft schon für den Mittelpunkt und das Lichtzentrum der Welt und denken folgerichtig, jedes Draußen sei das bedrohlich Fremde. Menschen am Meer wissen in dieser Hinsicht vielleicht mehr – daß sie nämlich nicht die Einzigen sind. Jeder muffige Provinzialismus, ob er sich nun als Nationalismus oder Eurozentrismus gebärdet, löst sich in ozeanischer Nähe auf. An Stränden endet die Welt nicht, sie beginnt dort.

HANS-PETER DÜRR

Die Evolution auf unserer Erdoberfläche, von einfachen organischen Verbindungen über primitive Lebensformen bis zum höchstentwickelten Wesen, vollzog sich auf wunderbare Weise entgegengesetzt zum Trend der Natur, höhere Ordnungen immer wieder zu zerstören. Man muß sich das wie Bergsteigen vorstellen. Der geübte Kletterer bewältigt die steile Felswand durch Klugheit, Bedachtsamkeit und wohlüberlegte Abfolge seiner Schritte – gegen die ihn ständig nach unten ziehende Schwerkraft. Die Felswand lehrt den Bergsteiger aber nicht das Klettern. Er hat die Freiheit, abzustürzen oder sich selbst zu trainieren. Manchmal denke ich, wir Weltzerstörer sind schon abgestürzt, aber da wir noch nicht unten aufgeschlagen sind, meinen wir, es sei noch nichts passiert und freuen uns noch an der Geschwindigkeit des freien Falles.

KATHARINA THALBACH

Ich glaube, daß irgendwann Änderungen auf uns zukommen, die werden sehr grausamer Natur sein. Wir Künstler liebäugeln ja gern mit dem schönen, geheimnisvollen, legendenumwobenen Begriff der Anarchie, ich denke, daß sie, ebenfalls irgendwann, über uns kommt – aber ich weiß nicht, ob wir sie dann noch so lustig finden. Ob nicht gerade wir dann wieder die ersten sind, die nach der Polizei schreien? Aber ich will mir andererseits auch meine Utopien nicht wegnehmen lassen. Auf beides möchte ich nicht verzichten, nicht auf die Utopie und nicht aufs Mißtrauen – auch wenn einen das mitunter heimatlos macht, zwischen die Stühle treibt. Aber zwischen den Stühlen muß man ja nicht nur immer sprichwortergeben sitzen wollen – man kann da auch wunderbar seine Arbeit machen.

EWALD LIENEN

Ich habe zu unterscheiden gelernt zwischen dem, was ich will, und dem, was andere meinen, ich müsse es wollen. Eines Tages fühlte ich mich von links fremdgesteuert. Zu vielen Weltveränderern sehe ich diese verbissene Militanz im Gesicht an, daß sie den Schlüssel zur Erklärung des Lebens in der Hand haben und daß alle anderen sich willig an diese Hand zu begeben hätten. Auf daß der Weg eingeschlagen würde zur Utopie der Widerspruchsfreiheit. Und dann wird tatsächlich Zukunft eingeschlagen und gebaut – eingeschlagen wie eine Tür und gebaut wie ein Unfall.

IGNAZ KIRCHNER

Ich wäre gern Innenarchitekt geworden. Aber nicht, um Häuser reicher Pinsel einzurichten. Nein, Innenarchitekt für Orte, die den Menschen erniedrigen. Warum gelingt kein Krankenhaus mit einer tollen Kneipe? Wartezimmer, Schulen, Arbeitsämter, Polizeistationen, Rathäuser – warum denkt dort keiner der Hinbefohlenen: Hier möchte ich noch ein wenig bleiben!! Diese Zimmerpflanzen! Das sind doch alles Grußpackungen von Kafka. Ämter sind das Eldorado für Menschen, die sich Sachbearbeiter nennen – aber die werden auf Menschen losgelassen.

PETER SLOTERDIJK

Ich halte das bakteriologische Gottesurteil der Pest für das Datum aller Daten in der europäischen Mentalitätsgeschichte. Der religiöse Glauben im Menschen hat damals einen so tiefen Schlag versetzt bekommen, daß man für postmortales Hoffen, diesen Kern mittelalterlicher Wunschkultur, keinen Sinn mehr sah. Nach der Pest mußte das Wünschen neu gelernt werden. Und die neuen Wünsche richteten sich notwendigerweise auf das gute irdische Leben. Deshalb ist für mich das Gründungsdokument des modernen Europa Boccaccios „Dekamerone". Er beschreibt den Menschentypus, der sich in der Regenerationsphase nach diesem theologischen Supergau neu formiert. Die Tiefe der Fragestellung von damals ist vergleichbar mit der von 1945: Wie leben wir nach der größtmöglichen Katastrophe? Die Menschen bei Boccaccio, die das Schlimmste überlebten, müssen einen neuen Gesellschaftsvertrag schließen, sie ziehen sich aus der pestverwüsteten Stadt zurück auf ein Landgut und leben dort in den höflichsten, heitersten und musischen Formen miteinander, so gut es geht. Sie haben, wie Boccaccio zeigt, vor allem eines begriffen: Die Verschwörung der Heiterkeit und der guten Manieren macht immun gegen eine unlebbare Umwelt. Die fröhliche Wissenschaft des Daseins – als Möglichkeit des Menschen, um bei allem Teuflischen der Welt den Anstand zu wahren. Das ist eine Lebensarbeit, in die verstrickt zu sein sich lohnt.

HELMUTH LOHNER

Jeder Mensch hat in sich selbst, in seiner Seele, ein Nebenzimmer, ein Kabinett, in das er ab und zu hineinschaut und wo er innehält. Es kommt immer darauf an, wann er hineinschaut, wann es ihn zum Gespräch mit sich selbst drängt. Die Kunst ist so etwas wie der Impulsgeber: Schließ mal wieder auf, geh mal wieder hinein, guck mal nach, ob es da drinnen nicht inzwischen zu kalt geworden ist, stell mal Blumen auf den Tisch.

HEINO FALCKE

Arbeit im Augustinerkloster zu Erfurt, das ist Bindung an lutherischen Ort und Geist. In der Abgeschiedenheit eines Klosters focht ein Mensch seine inneren Kämpfe aus und gab sich mit erstaunlicher Radikalität Rechenschaft: Wer bin ich eigentlich? Was trägt mein Leben? Was darf ich hoffen? Was muß ich tun? Aus dem Kampf, den dieser Luther mit sich selber austrug, erwuchs eine reformatorische Kraft, die eine Welt veränderte. Tiefste Konzentration auf sich selbst und gleichzeitig höchste Partizipation an den Kämpfen der Gesellschaft – wenn wir das mit heute vergleichen, brechen beide Pole leider vielfach auseinander. Auf der einen Seite herrscht ein ungeheurer politischer Aktivismus, eine unglaubliche inhaltslose Hektik, ein rasender Streß, auf der anderen Seite mehrt sich eine weltabgewandte, weltflüchtige Innerlichkeit. Die Einheit von Mensch und Bürger, von Sammlung und Hingabe ging verloren.

VALENTIN FALIN

Es gibt einen Satz von Anton Tschechow: „Das Verlangen, dem allgemeinen Glück zu dienen, muß um jeden Preis ein Seelenbedürfnis und eine Voraussetzung des persönlichen Glücks sein. Wenn es nicht von daher kommt, sondern von irgendwelchen theoretischen oder anderen Erwägungen, so ist es nicht das, was es sein sollte." Ich habe oft darüber nachgedacht, ob mir der Wille, dem allgemeinen Glück zu dienen, ein solches Seelenbedürfnis war. Die Interessen meines Volks sind mir nie gleichgültig und fremd gewesen. Aber mich macht mißtrauisch, wenn sich Funktionäre im Übermaß auf das Volk berufen. Als seien sie mit ihm identisch. Es ist nämlich leichter, weil unverbindlicher, das anonyme Volk zu lieben als einen einzelnen Nächsten. Wer immer nur die gesamte Menschheit auf der Zunge führt, aber nicht bereit oder fähig ist, für den Menschen neben sich Barmherzigkeit zu empfinden und positiv über ihn zu denken – der kann kein kreativer Politiker sein. Im August 1988 schenkte mir in der Moskauer Metro ein Arbeiter zwei Karamel-Bonbons. Die behalte ich bis ans Ende meiner Tage. Diese Bonbons empfand ich als Dank und als Verpflichtung im Sinne des Satzes von Tschechow.

ARMIN PETRAS

Ich habe keine Illusionen über unsere Zeit, aber ich bekenne mich doch rückhaltlos dazu, jetzt und in dieser Zeit zu existieren. Einfacher gesagt: Manche Probleme sind nicht lösbar – und man kann dennoch damit leben. Noch einfacher: 1989 saß ich mit der Regisseurin Elke Lang vom Frankfurter TAT in einem Café, es kam jemand dazu, und die beiden redeten zwei Stunden lang über Weinsorten. Mein Gott, dachte ich, draußen donnert die Welt, und die reden über Wein! Mit Abstand ist mir klar: Natürlich kann man zwei Stunden über Wein reden, und es kann ein wunderbares Gespräch sein. Das ist einfach eine andere Form der Wahrnehmung. Ich selbst könnte es noch immer nicht, aber ich empfinde diejenigen, die es können, nicht mehr als verlogen.

DANIEL LIBESKIND
Wir brauchen Dichter und Träumer – Leute, die sich kurz vor dem Schlafengehen sorgen, ob das, was sie so tagsüber tun, nicht doch völlig eitel ist, eingehüllt in eine Blase selbsterfundener Wichtigkeit und Weltenschwere. Nur kurz vorm Schlafengehen ist der Mensch ehrlich, da kommt die Angst, da kommen die Vorsätze gegen den schleichenden Herzschmerz, da sind alle bereit, ein neues Leben anzufangen. Doch da klingelt auch schon der Wecker. Und wir sind nicht im Morgen, sondern schon wieder im Gestern. Der Trott geht weiter.

JUTTA DITFURTH
Soziale Utopien werden heute fast so tabuisiert wie erotische Literatur in der viktorianischen Epoche. Aber Erotik läßt sich auf Dauer so wenig unterdrücken wie, inmitten dieser unerträglichen Seichtigkeit des Seins, der Traum vom anderen gesellschaftlichen Zustand – ein Zustand, in dem Menschen nicht unter dem Widerspruch leiden, daß sie leben müssen, wie sie eigentlich gar nicht leben wollen. Daß Menschen nicht leben, wie sie leben wollen – dafür genügt am Morgen in der U-Bahn ein Blick in die Gesichter vieler, die zur Arbeit fahren.

GERHARD GUNDERMANN
Ich krieg' selten, was ich will, aber ich hab alles, was ich brauche.

ULI HOENESS
In der Kindheit hat jeder Träume, und wenn sie stark genug sind, sucht man eines Tages die Erlebnisse zu diesen Träumen.

PETER KONWITSCHNY
Wir sitzen eigentlich schon wie Leichen, wir bewegen uns kaum. Das Glitzern der Sonne auf einem See, das Rauschen des Windes in den Zweigen – das ist ein gefährdeter Genuß. Wir gucken fern. Wir zappen uns durch die Realität, wir haben sie nicht mehr zum Greifen nah. Das ist das traurige Gefühl, mit dem ich lebe. Das ist ein Indiz für etwas, das zu Ende geht. Wir wissen es alle, und es geht trotzdem so weiter.

MICHAEL SIMON
Kommunikation ist nur noch Selbst-Verständigung. Der Walkman hat den Stadtmusikanten abgelöst.

SEAN CONNERY
Ein Lauschen hinaus ins All lehrt: Es kräht kein Hahn nach uns. Das muß man einfach wissen. Wir leben aus Gnade, nicht aus Berufung.

GÉRARD DEPARDIEU
Man sollte Menschen meiden, denen Freunde, Sonnenaufgänge, blühende Wiesen und ein vertrotteler Dorfsonntag scheißegal sind. Und Leute, die in ihrer Arbeit aufgehen! „Travail", Arbeit im Französischen, kommt von „tropalium", und das war ein Folterinstrument aus drei Pfählen – ein Gerät, das dazu diente, die großen Haustiere festzuhalten, während man sie beschlägt. Das genau ist der Charakter der modernen Arbeit – aber ich bin kein Tier, das man so einfach beschlagen kann und das stillhält.

MICHAEL SCHINDHELM
Ich komme weder aus dem Adel noch aus dem Proletariat, ich komme aus bürgerlichen Verhältnissen, also aus einer

Kultur, die in den letzten zwei Jahrhunderten dieses Europa geprägt hat, trotz proletarischer Revolutionen und sozialistischer Staatenbildungen. Diese Kultur zu leben – das heißt zu fragen: Was kann ich zur Selbsterziehung und zur Erziehung der Menschen um mich herum tun? Es gibt da lediglich einzige, ziemlich bescheidene Antwort: Man kann immer nur bei sich selbst anfangen. Bessere Welt? Es geht um Veränderungen, um Kultivierung auf dem einzig sicheren Boden, den wir unter den Füßen haben: Das sind die alltäglichen individuellen Gewohnheiten.

CHRISTOPH RANSMAYR
Aufklärung ist kein Massenprodukt. Mir jedenfalls verstellt jeder missionarische Vormund den Blick auf die Welt. Wenn es überhaupt etwas gibt, das uns im Glauben an lichtere Möglichkeiten der Entwicklung bestärken kann, so ist es wohl der Blick auf den Einzelnen. Wer sich von einem abstrakten Menschheitsbegriff ab- und dem Individuum zuwendet, findet immer auch Hoffnung.

JENS REICH
Ich hoffe auf eine neue Explosion an Lebensgefühl und Handlungsfreude. Mir sind junge Leute derzeit so angepaßt, so angespannt, so konzentriert im Vorwärtsschreiten. Wohin, ist nicht ganz klar; wenn es nicht aufs Sofa ist, dann weiß ich nicht, wohin. Aber ich glaube nicht daran, daß das kühle Ambiente einer Bankempfangshalle alle anderen Lebensformen verdrängen kann, nur weil dort das betonfeste Kapital liegt. Deshalb glaube ich an die revolutionäre Potenz der Langeweile, die entstehen und aufrütteln wird, wenn die Krawatten endgültig die Oberhand errungen haben.

KEN LOACH
Wer noch zornig sein kann, ist ein glücklicher Mensch. Es geht nicht darum, Häuser anzuzünden oder Bomben zu werfen. Nein, man muß mit der Faust auf den Tisch schlagen, ein Tisch findet sich immer.

PETER TURRINI

Ohne Lebenslüge würden wir das Maß an Haß und Schrecken um uns herum nicht aushalten. Wer als junger Mensch in ein Büro kommt und sich verdeutlicht, dort die nächsten Jahrzehnte zu verbringen – der muß doch sofort den Verdrängungsapparat einschalten. Das habe ich am Hochofen bei „Voest" selber erlebt: Niedrige Tätigkeiten übersteht man nur, wenn man sie sich schönfantasiert. Die Lebenslüge hat eine gewaltige Kraft. Wenn ich mich mit fünfzehn nicht wegfantasiert hätte aus meinem Kärntner Dorf, wäre ich dort abgestorben.

DOROTHEE SÖLLE

Der homo oeconomicus läßt sich auf die Kurzformel eines Autoaufklebers bringen – die drei F: Fressen, Ficken, Fernsehen. Diesen Konsumismus halte ich für einen der größten Menschheitsfeinde. Denn unsere tiefsten Interessen sind eigentlich darauf gerichtet, anders zu sein – also anders zu leben, anders zu lieben, besser Klavier zu spielen, freundlicher und beliebter zu sein, nicht alleingelassen zu werden.

JOSEF HADER

Die Hoffnung der Geschichte besteht darin, wie doch immer wieder viele kleine Kriege verhindern, daß der ganz große Krieg ausbricht. Das ist eine zynische, trostlose Hoffnung, aber leider die einzige. Nein, eine zweite gibt es doch noch, aber sie ist nicht weniger trostlos: Die reichen Staaten haben viel zu verlieren und bleiben daher zurückhaltend in ihrem Imperialismus. Angesichts einer bestimmten Anzahl von Eigenheimen führt man ungern Kriege. Die Hoffnung liegt also nicht in den Revolutionären, sondern in den Reaktionären, die ihren Besitzstand wahren möchten. Rektionäre sind sowieso verläßlicher: Sie bleiben es immer, Revolutionäre werden es erst im Laufe der Zeit.

CLAUDE CHABROL

Die Bourgeoisie geht den Bildern des äußeren Scheins auf den Leim, die sie selber ununterbrochen entwirft. Darüber verliert sie den Blick für die wahre Lage. Natürlich gibt es dieses Unten und Oben, und zwischen beiden Ebenen sind die Brücken der Verständigung abgebrochen. Die Herrschenden sollten Marx lesen, damit ihnen klar wird, warum sie gehaßt werden. Aber an eine bessere Gesellschaft glaube ich nicht. Ich glaube an das Erschrecken, an den Schock, ans Haareraufen, an die Besänftigung – und dann an das nächste Erschrecken. Wissen Sie, ich kann ja nicht über meinen Schatten springen: Ich bin selber Bourgeois. Soll ich mich darüber freuen, daß die Menschen der unteren Klassen mich womöglich abschlachten wollen? Mein Kopf träumt den bösen Gang der Dinge, den wir uns selber zuzuschreiben haben, aber mein Gaumen verlangt weiter nach einem Bordeaux oder einem bretonischen Fisch. Vielleicht führen die siegreichen Proletarier die Weinflasche mit Schraubverschluß ein – o Gott, laß die Welt lieber bleiben, wie sie ist!

THOMAS BISCHOFF
Wir können nicht über das hinausdenken, was wir selbst sind. Das macht es möglich, zu genießen. Ich habe also nicht die Absicht, Luxus oder Ausschweifung zu bemängeln; ich wünschte, ich könnte mir mehr davon leisten. Das Paradies auf Erden, für den jeweilig Existierenden – mehr ist diese Welt nicht. Niemand hat je wirklich an ein anderes Paradies geglaubt.

CHRISTOPH SCHLINGENSIEF
Jede Bewegung, der sich Deutschland gern anschließt, ob die sich nun Standortsicherung oder Weltmarktfähigkeit nennt, ist eine Volkstäuschung. Ich glaube nicht an den Oberhelden, der mir Aktienpakete schenkt. Der Kapitalbegriff der Deutschen Bank ist nicht meiner. Dieser Kapitalbegriff der Deutschen Bank basiert auf gut einstudierter Praxis, nämlich Selektion: Das Boot ist voll – aber wer drin sitzt, das bestimmen wir. Mein Kapitalbegriff ist der Mensch, der das Dasein erfährt als lebenswerten Dilettantismus. Das Perverse des herrschenden Systems besteht darin, daß es Millionen Menschen den Mut zur irrwitzigsten aller Ideen nimmt,

zur Idee nämlich: Ich will geliebt werden. Das Problem ist ja nicht, die ganz großen Wünsche nicht erfüllt zu bekommen – der Widerspruch zwischen Traum und Realität unterscheidet doch, letztlich, den Arbeitslosen nicht von vielen anderen Menschen. Wir leiden alle an der Differenz zwischen dem, was wir sind, und dem, was wir sein wollen. Das Schlimme ist, daß den scheinbar Wehrlosen der natürliche Wunsch ausgetrieben wird, auch mitten im sozialen Dilemma glücklich sein zu wollen. Diese überall spürbare Unlust, am Leben teilzunehmen, muß umgewandelt werden in Energie – Energie für die Suche nach etwas, das Lust bereitet.

NORBERT BLÜM

Wir dürfen nicht zulassen, daß uns die Hoffnung in unserem eigenen Namen verraten kann, indem sie von uns leichtfertig zu groß gemacht wird. Ich würde sagen: Träumer, vereinigt euch – aber kämpft für die Wirklichkeit.

KLAUS PIONTEK

Ich glaube nicht, daß man sich aussuchen kann, welches Leben man leben will. Man wird auf eine Schiene gesetzt und muß mit dem Fahrplan, der einem zugewiesen ist, umgehen. Jeder sucht sich dann die Geschichten, die ihn erklären. Philosophien sind eine nachträgliche Erfindung, um das Leben zu begründen, dem man nicht entrinnen kann. Wenn ich zum Beispiel nach dem Ruhm im Schauspielerberuf gefragt werde, denke ich an ein Fernsehinterview mit Asta Nielsen. Ganze Bibliotheken füllt die Beschreibung ihrer Arbeit. Und dann sehe ich eine Greisin, ausgeliefert einer gnadenlosen Kamera, minutenlang kein Wort, die Tränen liefen ihr über die Wangen. „Ich bin so allein", sagt sie schließlich, und dann kam der wunderbare, grausame Satz: „Ruhm ist: Bei Wind mit einem Stock in den Sand schreiben."

INGE KELLER

Vergnügen: Sehen, draufsehen, hören, riechen, schmecken können: den Morgenkaffee, die sinnlichen Genüsse des Alltags. Ein Bild, eine Plastik spüren, fühlen, ertasten können.

Das Auffinden der Schwesternkünste. Das Erlebnis Musizieren. Die Musik. Mit Kunst leben und umgehen können. Das Begreifen des Details. Lebensfreude: Niemeyers Bilder. Die Farbigkeit eines grauen Tags. Die Sonnenwende am 21. Dezember. Der Himmel. Die Gestirne. Der Garten. Der Strand. Steine ... Geben und Nehmen-Können. Menschen. Freundschaft. Das mir geöffnete Gartentor. Erfahrungen: Allzu gut ist liederlich. Den Tag, die Stunde leben! Keine Ausrede: Arbeite! Von vorn anfangen. Steine klopfen. Das Ziel nicht aufgeben. Maßstäbe einholen, Maßstäbe setzen. Geduld. Ungeduld. Freundlich sein, unfreundlich sein. Güte. Härte. Unzufriedenheit. Sich selbst treu bleiben. Unbeirrbar sein. Unerbittlich in künstlerischen Fragen. Aufgeschlossen sein. Neugierig bleiben. Staunen können. Für Menschen und Probleme Zeit haben. Wichtiges – Unwichtiges – einordnen können. Die Jungen – wichtig! Weitergeben den Stab. Selbstmitleid führt zu nichts – arbeiten! Dem Alter begegnen. Krankheit, Herzinfarkt? Ach, kleine Unpäßlichkeit. Wenn nicht drüber, dann drunter durch. Es lohnt sich immer. Finde dein Zentrum, deine Mitte.

ALFRED HRDLICKA
Ich bin auf Einschränkung aus, besonders, was die menschlichen Kontakte anbelangt. Einschränkung erleichtert Konzentration. Und wenn man etwas lernen möchte, ist die Fähigkeit, Erfahrungen zu machen, wichtiger als das Wissen, diese Erfahrungen zu beurteilen. Man muß die Urteile beiseiteschieben, wenn man die Welt sehen will.

GERHARD GUNDERMANN
Schlimm ist, wenn man ins Bett geht mit der Überzeugung, daß einen Träume nicht mehr überraschen können.

Fesseln, Freiheiten

FRANK CASTORF

Vor der Verblödung ist keiner gefeit, vor der Verführung, mal über sich nachzudenken, ist aber zum Glück auch keiner gefeit.

STEPHAN HERMLIN

Leid schafft den Menschen und vertieft den Grund seiner Seele, ja, davon bin ich überzeugt. Mangel an Leid führt nicht automatisch zum besseren, nicht mal zum lebensfroheren Menschen. Gegen Leid anzukämpfen und zugleich auf Leidenserfahrung und Leidensfähigkeit des Menschen bauen zu müssen – das deutet auf ein Dilemma hin, das besonders Kommunisten immer wehgetan und sie beschädigt hat. Ich habe in Zeiten gelebt, in denen ich es als unanständig empfand, unbeschädigt davonzukommen.

WERNER SCHNEYDER

Wir sind Kreaturen: Wir wollen satt sein, wir wollen es warm haben, wir wollen zufrieden sein. Das entsteht über Unabhängigkeit. Es gibt viele Leute, die verdienen gutes Geld, indem Sie dauernd sagen müssen: Grüß Gott, Herr Direktor! Is' recht, Herr Direktor! Auf Wiedersehen, Herr Direktor! Ein Leben leben zu dürfen, in dem absolutes Wohlbefinden erworben wird ohne den Herrn Direktor – das macht mich ein wenig dankbar.

GERHARD GUNDERMANN

Freiheit ist was für Tiere. Ich bin eher eine Pflanze: Ich muß mich nicht weit wegbewegen. Bäume reisen ja auch nicht, sagt Robert Walser. Ich brauche das ebenfalls nicht, ich komme dort klar, wo ich bin. Ich muß der Sonne nicht hinterherrennen, ich warte, bis sie vorbeikommt. Gemessen an den Kriterien der Wohlstandsgesellschaft, bin ich arm.

Gemessen an den Kriterien, die ich für wichtig halte, bin ich ein schwerreicher Mann. Ich habe eine Familie, ein Dach überm Kopf und vorm Fenster den Wald; am liebsten trage ich die Hemden meines Vaters, die stammen noch aus dem Jahre 1923. Ich bin ein Weltmeister im Zurückschrauben von Ansprüchen und nur noch kritisierbar innerhalb der Idee, die ich selber von mir habe.

LOTTI HUBER

Auf dem Müll habe ich mal einen Blumentopf gefunden, nur noch ein Stumpf drin, erbärmlich. Den habe ich mitgenommen, daheim hingestellt, auf die Fensterbank von meinem Schlafzimmer, und ich habe zu der Pflanzenruine gesagt, siehst du, so wie dir ist es mir im Leben auch oft ergangen, und nun mußt du aber unbedingt wieder blühen. Ich habe das Wesen täglich gegossen und immer wieder gefleht: Du mußt blühen! Für mich! Wir müssen zusammenhalten! Irgendwann war ich müde, und der Topf war ein Häufchen Elend. Traurig stand ich mit meiner Gießkanne vor diesem Rest von Leben – und traute eines Tages meinen Augen nicht: eine grüne Spitze. Ich hätte weinen mögen. Die Palme blühte, und jedesmal, wenn ich sie fortan goß, hatte ich das Gefühl, ein Zittern ginge durch diese Pflanze – als wolle sie sich bedanken. Ich habe ihr dann etwas gesagt, das ich zum Schlußwort meiner Autobiographie gemacht habe: Siehst du, niemals aufgeben! Leben – leben – leben!

WOLFGANG THIERSE

Ich bin glücklich über diese Explosion von Wahrnehmungsmöglichkeiten, die ich in meiner politischen Arbeit bisher erfahren durfte. Ich bin sehr viel unterwegs – das ist ein bereichernder Gegensatz zu meiner früheren Buch-Existenz, jener Leseexistenz inmitten der grimmigen Idylle DDR. Ich bin also im Amt weit weniger eingesperrt, als manche gern vermuten, und ich hoffe, diese Wahrnehmungslust nicht einzubüßen. Leben ist generell nicht ohne Beschädigung zu haben, und Gewinn und Verlust sind ein Paar, das sich in seinem Pakt der Balance verteufelt einig ist. Was ich also in der Politik „bezahlt" habe, das müssen jene sagen, die mich lange kennen; ich hoffe, sie sagen's mir zuerst. Wer in die Politik geht, darf doch nicht wirklich hoffen wollen, everybody's darling werden zu können. Everybody's darling ist everybody's Arschloch.

RÜDIGER NEHBERG
Der Abteilungsdirektor bei Siemens oder Fiat spult joggend jeden Morgen seine halbe Stunde im Stadtpark herunter, seine engsten Mitarbeiter tun gut daran, rein zufällig an gleicher Stelle aufzutauchen, dem Chef hinterherzuhecheln und dabei gesehen zu werden. Das sind dann die gleichen Leute, die im Anschluß ans Schwitzen mit dem Auto zweihundert Meter zur Bäckerei fahren und dabei dreimal um den Block fegen auf der Suche nach einem Parkplatz.

GERHARD GUNDERMANN
Vielleicht werden wir die letzten oder vorletzten Menschen gewesen sein. Aber was ändert diese Erkenntnis nun an der Art und Weise, den heutigen Tag zu verbingen? Nichts, aber auch gar nichts! Genau das erhöht die Gefahr, daß wir wirklich die letzten oder vorletzten Menschen auf dieser Erde sind.

ALBERT OSTERMAIER
Die Wahrnehmung nimmt nach dem 11. September 2001 nicht mehr das gleiche wahr, sondern das andere: Eine Pfütze kann das Loch in der Erde sein, und wir brauchen eine Hand, die uns hinüberhilft.

JOHANO STRASSER
In jeder Biografie gibt es Phasen, in denen man sich aus störenden Verwicklungen ins Soziale heraushält. Junge Leute besonders: Man fühlt sich im Rausch der eigenen Kraft, leistet sich Auskopplung aus den Zumutungen der Politik. In der Regel kommt dann aber eine Zeit der Besinnung: Gehört es nicht zum Wesentlichen von Selbstverwirklichung, sich sozial auf andere Menschen zu beziehen? Bei der Veranstal-

tung einer Bank hatte ich ein Grunderlebnis: Ein Unternehmensberater sprach vor Gymnasiasten, er bescheinigte ihnen: Ihr seid die mit den guten Chancen! Ein Mädchen stand auf und sagte unterm starken Applaus ihrer Mitschüler: Ich will aber nicht in einer Gesellschaft leben, in der ich eine Chance habe, nur weil hundert andere keine haben! Also: Ich lasse mir nicht einreden, junge Leute interessierten sich generell nicht für politische Grundfragen. Sie tun es unaufgeregter, unideologisch – ganz anders als wir Achtundsechziger, die gnadenlos intolerant waren gegen alle, die nicht in unseren Kostümen daherkamen.

PETER STEIN
Der „deutsche Kulturbetrieb" stößt mich ab. Suchende, Störende, Sensible kenne ich nicht, eher mittelbegabte Krachmacher, die sich auf den Markt drängen wollen. Sollen sie. Verzweifelt bin ich gar nicht, außer, wie es sich für einen anständigen Menschen gehört, über mich selbst. Sonst, muß ich leider gestehen, geht es mir danke. Meine Verletzlichkeit entstammt meinem verkrampften Verhältnis zu anderen Menschen, das sich im Laufe der Zeit durch freundliche Hilfe meiner Mitmenschen etwas gelöst hat. Alles, schien mir immer, bekomme ich von außen. Innen in uns ist nicht viel. Ich bin, wie jeder Theatermann, eher Resonanzboden. Ich glaube, ich habe Glück gehabt, gute Trommler haben auf mir gespielt, und das zur richtigen Zeit. Ich habe noch nie etwas Originales geschaffen. Das ist keine Koketterie, ich kann das beweisen. Schmerz empfinde ich deshalb nicht, und meine gelegentlichen Neidgefühle lösen sich leicht in tiefe Bewunderung auf für die Menschen, die so was können. Egozentrische Anmaßung kann für solche Menschen hilfreich sein (wenn sie sich dadurch nicht selbst zerstören). Voraussetzung für Kunstausübung ist sie nicht.

ANDREA BRETH
Es ist erstaunlich, was man alles nicht braucht – ohne deshalb zu verarmen. Von Armut kann man erst dann sprechen, wenn es an Ideen und an Phantasie fehlt.

STING
Ausgebildet bin ich als Englisch-Lehrer, aber in meinen Klassen waren meist nur Zehnjährige, und da mußte man als Lehrer alles machen – Fußball, Geschichte, Mathe und Geographie. Ein Traumjob. Ich war blutjung, freute mich über die freie Zeit, ich kam ja so gegen 16 Uhr nach Hause, schnappte die Instrumente, und los ging es mit der Band, in der ich damals spielte. Meist ging die ganze Nacht drauf. Und dann todmüde zum Unterricht. Aber gereizt war ich nie. Mein bißchen Munterkeit reichte manchmal gerade noch dazu, daß ich den Mädels und Jungs eine schwierige Aufgabe stellte, einen Schulaufsatz schreiben ließ – und dann bin ich weggenickt. Aber ich schrieb auch 'ne Menge Songs im Klassenzimmer, wenn die Kinder über Aufsätzen brüteten. Ja, Aufsätze sind was Schönes, man ist als Lehrer von denkenden, stillen jungen Leuten umgeben, mich hat das immer stimuliert. Ich verstehe gar nicht, warum so wenige Lehrer im Zweitberuf Dichter sind.

MATTHIAS RICHLING
Was uns umbringt, zerstört noch lange nicht unseren Gleichmut. Was wir wahrnehmen, existiert nicht unbedingt, aber was wir nicht wahrhaben wollen, das existiert unbedingt nicht. Hautkrebs zum Beispiel ist fast schon ein Statussymbol – er zeigt an, wieviel Urlaub sich jemand leisten kann.

HANS-PETER DÜRR
Was wir uns nicht vorzustellen wagen, passiert auch nicht. Ich glaube, daß Leute für ein bescheideneres Leben anzustecken sind. Der Mensch muß mit seinen Visionen selbstbewußt wie ein Virus sein: Ich bin ganz klein, aber morgen ist eine ganze Stadt angesteckt von der Idee.

UWE STEIMLE
Alle Angebote, die die Gesellschaft macht, lösen bei mir immer mehr Mißtrauen aus. So daß ich mich mehr und mehr auf mich selber besinne, getreu dem, was meine Oma sagte: Das Einzige, woran ich noch gloobe – daß es von einem

Pfund Fleesch eine gute Brühe gibt. Das stimmt wahrscheinlich trotz BSE.

PETER SLOTERDIJK
Seit Menschen miteinander sprechen, sind sie Geschöpfe ihrer Kommunikation. Ein französischer Therapeut hat einmal gesagt: Sprechen heißt, auf dem Körper des anderen spielen. Eine große Einsicht! Es kommt darauf an, im Verkehr mit Menschen Zusammenhänge herzustellen, in denen jeder in sein Optimum kommt. Es geht um Schwingungsgemeinschaften: Man teilt das Klima miteinander. Lange bevor Menschen durch Arbeit sozialisiert werden, passiert etwas viel Entscheidenderes: Das erste Produkt des Menschen ist etwas Unstoffliches, nämlich die Atmosphäre zwischen uns. Jeder hat ein Interieur, das ausstrahlt. In uns ist etwas, was auch um uns ist. Ich würde sagen: Die Klimapolitik ist das Schicksal. Damit kann Einsamkeit widerlegt werden – jedem seine kleine Horde als Verschwörungschance gegen den kalten Rest der Welt. Man muß sich von allem freimachen, besonders von den sogenannten harten Tatsachen. Man muß sich sogar vom Wetterbericht emanzipieren. Nicht: Es regnet jetzt, später wird es wieder besser, nein, das andere ist mitten im Regen da.

PETER KONWITSCHNY
Richard Wagner sagt es explizit: Macht und Geld – oder Liebe. Das ist die Alternative. Nichts anderes dazwischen! Das ist Wagners wichtigster Gedanke und für mich die tiefste Wahrheit des Lebens. Es ist der Urgrund all meiner Arbeit. Auf der Seite der Liebe. Auf der Seite also der Trauer und einer Vergeblichkeit, die ich aber nicht anerkennen möchte. Das ist ein Impuls, jeden Morgen wieder aufzustehen.

THOMAS OSTERMEIER
Wer seine Kinder mit Grundwerten wie Treue, Solidarität, Bindungswillen ausstattet, der macht sie im Grunde genommen unfähig für den Flexibilitätsstress im Kapitalismus. Weil

mit den benannten Werten ein Verhalten verbunden ist, bei dem Karrierestreben und Lust auf Konkurrenzkampf nicht das Wichtigste sind. Sich dem aber zu verschließen, kann heute lebensgefährlich sein

EDMUND HILLARY
Beim Abenteuer entdeckt der Mensch, daß er ein Einzelwesen ist. Aber er lebt nicht erst dann richtig, wenn er mit Einsamkeit demonstrieren will, kollektives Dasein sei lächerlich. Gemeinsamkeit ist nicht lächerlich. Tun Sie heute einem ratlosen Menschen in Ihrer Nähe Gutes, schenken Sie Ihrer Frau ein paar Blumen, fragen Sie Ihre Kinder, ob Sie ihnen helfen können, und richten Sie sich den Tag so ein, daß Sie heute abend in einem guten Buch ein paar Seiten lesen können. Ohne sich bei ganz anderen, stressigen Gedanken zu ertappen und also die Hälfte des Gelesenen wieder zu vergessen.

HELENO SAÑA
Bei Dostojewski hatten die Nihilisten noch Format. Sie waren verzweifelt und erschossen sich dann ganz beiläufig. Intellektuelle heute laufen Gefahr, sich zum Spielzeug jener instrumentellen Vernunft zu machen, die den Warencharakter des Lebens nur noch wehleidig kommentiert, statt ihn geistig zu bekämpfen. Der Kapitalismus hat ein Zivilisationsmodell geschaffen, in dem alles unter das Verdikt des Scheckbuches gestellt wurde. Das Maß der Freiheit wird von der Höhe des Dispokredits bestimmt. Die Kommunikation der Geldautomaten erklärt alle, die keine Kreditkarte haben, bald zu Feinden der öffentlichen Ordnung.

FRIEDO SOLTER
Es sollten uns nicht die Worte Freiheit, Freiheit, Freiheit, Freiheit in eine boutiquenhafte Illusion bringen. Denn Freiheit kann auch heißen: der freie Fuchs unter freien Hühnern.

CAROLA STERN

Der große Unterschied zwischen der Zeit etwa vor hundert Jahren und heute ist der, daß die Menschen damals über Gegenwart und Vergangenheit klagten, aber stark auf die Zukunft hofften. Heute ist es umgekehrt: Die Leute haben keine Hoffnung mehr und verklären die Vergangenheit.

INGE KELLER

Leben heißt: verbraucht zu werden. Es ist ein großes Glück, seinen besten Fähigkeiten gemäß verbraucht zu werden. Ich stehe zu meinen Falten und will mein Gesicht durchhalten.

CHRISTOPH SCHLINGENSIEF

Irgendwann werde ich mich zurückziehen in die Freiheit, und das ist dort, wo die Speisekarten nicht deutsch verfaßt sind.

GILA VON WEITERSHAUSEN

Die großen Kinorollen hat man heute als Frau zwischen dreißig und vierzig. Vorbei. Man muß mit der Realität leben – aber man muß sie trotzdem nicht hinnehmen. Vielleicht gelingt es, das Glück so zu suchen, als hätte man es nie verloren.

Menschenart

STING

Zivilisation ist eine Kultur der Lüge. Wäre der Mensch im Autoverkehr absolut ehrlich zu sich und würde er also das tun, was er denkt, erwüchse aus jedem von uns ein Amokfahrer. Ein Weltkrieg bräche los. Ich würde liebend gern manchem hinten reinkrachen. Nicht Moral hält uns davon ab, sondern die Tatsache, daß unser geliebtes Blech so teuer ist. Deswegen sollten die Autos immer teurer werden. Teure Autos schaffen eine friedliche Welt.

FRITZ MULIAR

Was ich unter Arbeit verstehe, hat ein Regieassistent von mir mal so erzählt: Am ersten Tag, wenn der Muliar Regie führt, sagt er nach ein paar Stunden Probe zum Assistenten: Gehn's, da drüben, da ist ein hinreißender Fleischhauer. Sind S' nett, holen S' ma an Leberkas, ich mach inzwischen weiter. Am zweiten Tag sagt der Muliar: Gehn's, holen's' uns den Leberkas in zwei Semmeln – wir machen dann später weiter. Am dritten Tag sagt der Muliar zum Assistenten: Sie, machen's' weiter da, ich hol' uns den Leberkas.

HEINO FALCKE

Politik ist nicht die Kunst des Möglichen, sondern die Kunst der Ermöglichung des Notwendigen.

DIETER MEICHSNER

Die Helden von heute reiten nicht mehr auf Pferden herum, sondern auf Pensionsberechtigungen.

OTTMAR HITZFELD

Es gibt zwischen Leben im Westen und anderswo auf der Welt ein Mißverhältnis, das sicher jeder Mensch eingesteht, der ein Gewissen hat. Ich will nichts schönreden. Manchmal bedrückt dieser Zustand, und nicht immer hilft Geld darüber hinweg. Ich bin dankbar für mein Leben. Erfolg zu haben, ist eben vielleicht auch Gnade.

GEORG RINGSGWANDL
Wer sozial oben ist, in gemütlicher Position und meist so viel verdienend, daß ihm vor Schreck gar nichts Gescheites mehr einfällt, der war meist auch mal unten. Oben und unten lassen also keine direkten Schlüsse zu, ob jemand ein guter oder schlechter Charakter ist. Die Interessenlage ist einfach eine jeweils andere. Aber es bleibt dabei, daß gesellschaftliche Veränderung nur von unten angestoßen werden kann. Die Chefetage beschwert sich nicht, daß sie zu große Zimmer und Gehälter hat.

KLAUS LÖWITSCH
Mitläufer sind Öl im Getriebe der Hierarchie statt Sand. Den Nachläufern geht irgendwann die Luft aus, den Mitläufern nie. Sie setzen sich nie an eine Spitze, sind aber mit bei den Siegern. Mitläufer sind das Produkt der arbeitsteiligen Gesellschaft: Sie möchten immer nur so viel wissen, daß ihnen später nicht vorgeworfen werden kann, sie hätten wissen müssen, was an Schrecklichem geschah.

JOCHEN GERZ
Aufklärung produziert Enttäuschung, sie führt ja dazu, daß man von einer Täuschung wissend Abschied nehmen kann. Man wird enttäuscht, das ist ein emanzipatorischer Akt. Aber zugleich beibt es etwas, das einem geradezu aufgedrängt wird, und schnell ist man enttäuscht, aufgeklärt worden zu sein. Durch Aufklärung wird irgendwann jeder Genuß verunmöglicht, unter dem Gewicht des Wissens. In einer Arbeit von Esther Shalev und mir hieß es: „Es ist kein Geheimnis: Euer Wissen wird euch töten." Die schönsten Bilder zum Beispiel sind die unsichtbaren. Nur das Ungearbeitete kommt wieder, nur das noch Ungetane ist zur Metamorphose fähig. Ein geschriebenes Buch kommt nicht wieder, ein gemaltes Bild auch nicht. Alles, was durch Arbeit kalt

wird und immobil, alles, was also verwirklicht wurde, ist ein Abschiednehmen. Man lebt also nur in dem, was man noch nicht gemacht hat. Das Schöpferische ist das, was noch nicht scheiterte.

ALFRED HRDLICKA
Leider spielt Geld eine große Rolle. Geistige Unabhängigkeit hat sehr viel zu tun mit finanzieller Unabhängigkeit. Karajan, mit dem ich finanziell freilich nichts gemein habe, der sagte: Man verhandelt immer mit dem Hut in der Hand, so kann man ihn schnell aufsetzen und das Zimmer verlassen. Also: Ich habe Geld. Was den unmittelbaren Umgang mit Finanzen betrifft, bin ich ein Cash-Typ, ja, da bin ich ein Zigeuner. Geld habe ich überall stecken, in sämtlichen Taschen ist das Zeug verstreut.

KURT BÖWE
Weil ich bei uns auf dem Dorf zu fast nichts taugte, mußte ich Abitur machen – Strafe muß sein. Das Schreckensbildnis meiner Mutter war, daß ich im grünen Poppenspäler-Wagen durch die Welt fahre. Aber wenn du nich uppass un an Kass bin, sagte sie, dann wirst du arm wie Hiob. Mein Vater, als er später sein Testament machte, wollte mich enterben; er sagte, Mensch, Kurt, wenn ich dir ein paar tausend Mark gebe, dann sind die in zwei Monaten weg. Nein, überhaupt nicht!, widersprach ich heftig – in einem Monat!

IGNAZ KIRCHNER
Ich könnte kotzen angesichts dessen, was mir permanent aufgedrängt wird: Wellness, Fitness, schöneres Wohnen – eine öde, aufdringliche, verlogene Was-kann-ich-für-Sie-tun?-Gesellschaft. Wir sind umstellt von Animateuren, aber wer weiß noch, daß Anima von Seele kommt! Alle Prominenz wird reduziert auf Lockvögel für Essen-und-Trinken-Bücher. Schlemmen wir bei Proust – na Prost, und wer liest ihn noch?

KARIN BEIER

Ich wollte mir immer einen Hund anschaffen. Jaja, krähen Freunde und Kollegen ironisch: Kinderersatz ... Der Gedanke hat mir der Tatsache zu tun, daß ich seit zwei Monaten nicht inszeniere. Ich habe Zeit. Was führe ich für ein Leben? Es gibt relativ wenige Verpflichtungen. Ich bin liiert mit einem wunderbaren Menschen, aber wir wohnen nicht zusammen. Ob ich heute Stücke lese oder nicht – es ist egal. Ob ich einkaufe oder nicht – es ist egal. Ob ich überhaupt morgens aufstehe oder nicht – es ist egal. Und es gibt in diesem Leben kaum einen Unterschied zwischen Werk- und Sonntag. Es fehlt das Rituelle, das Verbindliche, jenes zwingend Geregelte, das Quelle von Lebensfreude sein kann. Weihnachten geht man zu den Eltern, ansonsten findet man diese Feiertage irgendwie doof. Dieses Gefühl des Unverbindlichen, das wir als Freiheit oder Aufgeklärtheit bezeichnen, das aber auch eindeutig ein Kulturverlust ist – es läßt sich nicht rückgängig machen, es gibt keine Chance zur nachträglichen Unschuld. Aber ich empfinde mehr und mehr, daß da wirklich etwas zerstört ist, um das ich andere, etwa religiöse Menschen, beneide.

GERO TROIKE

Meine Schlafstube ist eine Kammer, in der nur ein Bett steht. Nichts, das ablenkt. Es gibt eine Qualität der Leere und der Konzentration, die ich nicht mehr missen möchte. Wo wir wohnen, gibt es weit und breit nichts. Den elektrischen Strom machen wir selber, wir haben auch einen eigenen Brunnen. Abends wird es richtig dunkel – wenn Neumond und Nebel dazukommen, ist die Welt schwarz. Die ersten Sonnenstrahlen am anderen Morgen sind jedes Mal ein gewaltiges Erlebnis. Weit weg ist für uns jene Welt, in der jener Bibel-Satz, das alles seine Zeit habe, nur noch mit Öffnungszeit gebildet werden kann.

JOHANO STRASSER

In der Stille kann sich der Mensch finden, in der Einsamkeit geht er verloren.

ISABELLE ADJANI
Das größte Heilmittel ist letztlich die Distanz. Das ist das Geheimnis. Wenn ich die richtige Distanz finde, gefällt mir alles. Dann werde ich zum glücklichen Idioten. Man muß Lust haben auszubrechen – wenigstens die Lust. Mein Traum war immer, zu einem Flughafen zu gehen, auf die Anzeigetafel zu schauen und einfach den nächsten Flug zu nehmen, irgendwohin.

PETER USTINOV
Niemandem ist eine Krankheit zu wünschen. Aber ein Kranker hat an den Geranien auf der Fensterbank mehr Freude als ein Gesunder.

ISTVÁN SZABÓ
Wer nicht positiv denkt, ist faul. Negativ denken, das ist mühelos: Ich bleibe einfach stehen. Schon wer heute zwei Schritte weiter will, denkt ja positiv. Aber er muß die beiden Schritte denn auch gehen. Es ist Arbeit.

ADOLF DRESEN
Der Pessimismus, der sagt, es könne gar nichts geändert werden, ist genau so unangenehm wie der Optimismus, der behauptet, alles würde gut. Ich bin einer, der hofft. Aber ich ärgere mich über Leute, die darauf bauen, das Vernünftige werde sich wie ein Gesetz automatisch seine Wirklichkeit schaffen. Hinter so einem Denken steckt Faulheit.

REINHOLD MESSNER
Wenn der Mensch eine Ader zum Tischlern hat, dann baut er Tische und fragt nicht permanent nach dem Sinn des Lebens. Das Tischlern ist die Antwort auf eine Frage, die nicht aufkommt. Die Frage nach dem Sinn des Lebens – daran erkennt man immer häufiger die Unglücklichen.

PETER USTINOV
Lachen ist das zivilisierteste Geräusch im Universum.

UWE STEIMLE

Überall Aufsteiger, und wie geht's am besten aufwärts? Indem man seinem Chef in den Hintern kriecht. Das ist ja überhaupt ein merkwürdiges Indiz: Zu Gott sagt man „du", zum Chef „Sie".

DANIEL LIBESKIND

Wenn wir so weitermachen, werden wir Bäume eines Tages besichtigen wie alte Kathedralen. An Bäumen mag ich diese aristokratische Verachtung für den Augenblick. Sie brauchen eine kleine Ewigkeit zum Wachsen, und jeder Baum ist gegenwärtiger Abgesandter aus einer Welt, in der wir nicht mehr existieren. Wer einen Baum pflanzt, ist einverstanden mit einer Zukunft, in der man selber nicht mehr vorkommt.

ROBERT KURZ

Welche Form des Reichtums ist erstrebenswert? Es geht nicht darum, sich innerhalb des bestehenden Wertesystems zu bescheiden, aber doch im Prinzip weiterzumachen. Die Frage ist, ob nicht ein Teil des Reichtums, in dem wir leben, schon Armut ist. Der Individualverkehr, der blecherne Reichtum, Autobahnen. Wenn Reichtum, dann der an disponibler Zeit; wenn Freiheit, dann die von Staatsbürokratie und von Abhängigkeit vom anonymen Markt. Es geht um einen neuen Begriff von Reichtum und nicht um die konservative Parole vom Verzicht. Ich lebte immer wie ein Student, auch jetzt mit fünfzig lebe ich so. Ich habe keine Karriere gemacht, habe kein Haus gebaut, besitze kein Auto, ich lebe in gewisser Distanz zum öffentlichen Betrieb. Und sitze auf einem abgewetzten Sofa. Was ich als Bestechung erlebe, ist ausgesprochen mickrig: Ich lebe vom Glücksmoment, daß mir hier und da von Veranstaltern die Fahrtkosten rückerstattet werden.

PELÉ

Armut ist Mangel an Würde. Gewöhnliche Menschen haben Angst vor dem Tod, die Armen in Brasilien haben Angst vor dem Leben. Da ist der Beruf des Schuhputzers für viele Erniedrigte schon die ganz große Lösung: Da kommen Leute in guten Anzügen und knien vor ihnen nieder.

CLAUS PEYMANN

Ich bin als Direktor nicht in der Welt herumgastiert wie manche Kollegen, ich habe keine Oper inszeniert, ich faulenze nicht auf einer Professur herum, ich habe keine Datsche, und ich habe mir keine Staatspreise umhängen lassen – denn man kann ja nicht ständig wehklagen, daß der Staat keine Ahnung von Kunst hat, dann aber seine Orden tragen. Nein, mein Arsch ist nicht vergoldet. Und auch nicht fett: Ich komme gerade vom Joggen.

PETER USTINOV

Weisheit ist erleuchtetes Schwachwerden vor der Erfahrung.

THOMAS BISCHOFF

Der Mensch will nicht begreifen, daß er „endlich" ist. Die Unendlichkeit ist der Phantasie vorbehalten – und den Astronomen. Aber die Egomanie des Menschen brachte eine Kultur hervor, die Jahrtausende bestimmt hat. Davon will ich mich nicht trennen, gleichgültig, was die Propheten der „Fluchtgeschwindigkeit" behaupten. Fragen Sie sich, was Gott in der Kunst für eine Rolle gespielt hat, und dann versuchen Sie, diese Rolle zu streichen. Was bleibt? Sehr wenig. Von manchen Jahrhunderten nichts. Und wenn Sie alle Götter streichen, die der Mensch sich je erdachte, dann würden wir gewiß nicht hier sitzen und reden. – Die Frage, ob ich an Gott glaube, kann ich nicht beantworten. Leider nicht.

EBERHARD KEIENBURG

Ein Anthroposoph schimpfte mich mal aus: Über Gott kann man nicht reden – höchstens über den Kleidersaum seiner Engel. An Gott glauben ... Ich weiß nur, was ich dort, am Kleidersaum, für fröhliche, freie, freundliche (nicht unbedingt nur sanftmütige!), vergebungsfähige Menschen fand. Wenn solches durch Glauben ausgelöst und befördert wird, muß an der Sache was dran sein.

BERNARDO BERTOLUCCI
Buddhismus ist keine Angelegenheit der Dome, ist keine Sache der sakralen Erniedrigung. Alles ist in einer Kathedrale kühl, weit weg vom eigenen Herzschlag. Man herrscht nicht mehr über die Dinge, nicht mal über sich selbst. Ich habe in einem Dom immer den Wunsch, nach einer Hand zu greifen – aber erst draußen auf der Straße.

JOSEF HADER
Der Mensch ist nicht schlecht – das Problem ist nur: Er ist meist schlechter, als er selber von sich glaubt.

CLAUDE CHABROL
Alles Heroische in der Geschichte ist mehr oder weniger gutes Handwerk, das irgend jemand bestellt und bezahlt hat und das sehr praktischen Interessen dient. Als die US-amerikanischen „Holocaust"-Filme im Fernsehen liefen und alle so gerührt und betroffen waren, gab es eine Karikatur, die ich nie vergessen werde. Sie zeigte KZ-Insassen, drumherum das Filmteam, und der Regisseur brüllt: „He, zieht doch gefälligst mal den Bauch ein!"

MICHAEL SCHINDHELM
Es gibt in dieser Welt andere Dinge, die wichtig sind – aber man muß freilich trotzdem Verse schreiben.
„Wo alles sich durch Glück beweist/ und tauscht den Blick und tauscht die Ringe/ im Weingeruch, im Rausch der Dinge –:/ dienst du dem Gegenglück, dem Geist."
Immer geht es um dieses Gegenglück. Das schrieb Gottfried Benn 1935, in der inneren Emigration, inmitten der Einsamkeit, fern aller Möglichkeit, im vordergründigen Sinne wirksam zu sein. Aber es ist doch kurios: Was über Jahrtausende hinweg von einer Gesellschaft übrigbleibt, sind letztlich die unwirksamen Verse. Oder ein paar Splitter von Vasen. Nicht die Reden der Politiker. Auch mit unserem Zeitalter der totalen technischen Reproduzierbarkeit wird das so sein. Nicht die Börsengewinne und Autokarossen bleiben, sondern die merkwürdigen Bruchteile von

Kunst, für die sich heute vielleicht nur ganz wenige interessieren.

FRANK CASTORF

Der Kapitalismus hat sich von allen ethisch-moralisch-pietistischen Anbindungen befreit. Freiheit ist zu Freizeit konvertiert. Freiheit heute, das heißt: möglichst lang und möglichst gut ausgestattet Freizeit zu erleben. Das ist die degenerierte Erfolgsnachricht von 1848. Love Parade – im Grunde sind das Agenten des Kapitalismus. Sie wollen den Rausch, aber gleichzeitig den Reichtum zerstören. Doch das hat keine ideologische Anbindung mehr. Es ist eine Generation, die sagt: Jetzt und sofort! Was Jim Morrison gesungen hat, das tun die jetzt. So zeigen sie in diesem beschleunigten Endpunkt des Funktionierens, worum es geht: Es geht um nichts mehr.

B. K. TRAGELEHN

Ein Vogel fliegt hoch in die Kälte. Erfriert und stürzt ab. Eine Kuh kommt und scheißt auf ihn. Er taut auf und fängt an zu singen, da kommt ein Wolf und frißt ihn. Das ist die Geschichte. Wie alle Geschichten hat sie nicht nur eine Moral. Die erste: Wer hoch steigt, fällt tief. Für Kleinbürger. Die zweite: Nicht jeder, der auf dich scheißt, ist dein Feind. Für Linksabweichler. Die dritte: Nicht jeder, der dich aus der Scheiße zieht, ist dein Freund. Für Rechtsabweichler. Zuguterletzt für alle Lebenslagen die Linie: Wenn du in der Scheiße sitzt, singe nicht.

Wechselndes Deutschland

WOLFGANG ULLMANN
So schnell die deutsche Geschichte anfing, so schnell ging auch alles schief. Luther hatte die Menschen aus der Diktatur des Papstes befreien wollen, doch als die Bauern überall die Fahne der Freiheit ergriffen, schlug er sich gerade mit Müntzer herum, und so wurde die Bahn frei für die deutschen Landesherren, die die aufsässigen Agrarier in ein Volk von Hofschranzen und Leibeigenen verwandelten. Ein Beispiel für alle kommenden Zeiten.

ANDREAS KRIEGENBURG
Kleists sehr deutsche Menschen werden deshalb in die Verzweiflung und ins Entsetzen getrieben, weil es keinen letztgültigen Sinn gibt, den man selbst über den Tod hinaus mit sich nehmen kann. Je mehr sie sich an einen sichren Sinn klammern, der auf alles eine beruhigende Erklärung bereithielte, umso verzweifelter sind die Mittel, derer sie sich bedienen. Auf der Suche nach dem universellen Sinn beweisen sie mit jedem Schritt die Unmöglichkeit eines solchen Sinnes. Über das Bedenken geraten sie an das Unbedachte; über die Erwägung ins Unwägbare. In diesen Ausrutschern formt sich das Entsetzen. Alles scheint auf seinem Platz zu sein, und doch ist nichts auf seinem Platz, auf dem Platz eines jeden sitzt auch etwas anderes. Auf der Suche nach dem eigenen Platz entsetzt sich jeder.

STEPHAN HERMLIN
Ungezählte Leute tragen für ihr Leben zumindest das Gespür in sich, daß mit der DDR auf deutschem Boden etwas Alternatives beabsichtigt war. Eine Gesellschaft, die den Schwachen eine Chance zu geben gewillt war; eine Republik, die auf den Rat der sogenannten kleinen Leute geradezu angewiesen war (auch wenn sich der Staat dann mehr und mehr

gegen das ihm Eigene verging). Selbst das Politbüro ist ja im Grunde genommen aus kleinen Leuten hervorgegangen und hing bis zuletzt der Chimäre nach, es sei ein Gremium von Volkes Stimme. „Von deinem Geiste hab' ich einen Hauch verspürt" heißt es in einer Ballade von Uhland – darin steckt viel von dem, was an Grundgefühl von dieser DDR eine lange Zeit bleiben wird. Und um einen Gedanken von Heinrich Mann über die Heimat zu benutzen: Man war in diesem untergegangenen Land ja sogar mit der Dummheit, die darin geschah, auf besondere Weise verbunden. Wobei: Ich hatte nie ein Heimatgefühl, das den Worten folgt: „Right or wrong – my country!" Das Unrechte war nie Teil meines Heimatgefühls, es befleckte die Vision, die ich mit Heimat verband. Ich wünschte die Dummheit, von der Heinrich Mann sprach, immer zum Teufel; aber ich sah sie nie als irgendeine fremde Untugend an, ich begriff sie immer als eigenes Unvermögen – und so gibt es, durch ein Gefühl von Verantwortung und Zuständigkeit, eben auch ein gehörig Maß an Unbehaglichkeit, das einen an ein Land bindet.

ALEXANDER LANG

Zu dem, was in der DDR an furchtbarer Fehlentwicklung geschah, konnte ich mich bis zu einem gewissen Punkt sogar sehr kreativ verhalten. Dann war ich froh, mit dem Westen eine andere Welt kennenzulernen. Jetzt, im wiedervereinigten Deutschland, kommt mir vieles von dem, was ich verließ, wieder nahe. Es gibt diejenigen, die sich mit Dauertherapien durch die Welt retten, und es gibt jene, die das unbeirrt mit ein paar klaren, rationalen Gedanken versuchen. Letztere sind mir lieber, und ich treffe sie halt öfter im Osten. Das Problem für uns Theaterleute: Früher war Ästhetik ein Kampfmittel, heute ist sie ein Kaufhaus.

REGINE HILDEBRANDT

Natürlich hatte die DDR in manchen Bereichen eine äußerst hohe Produktivität. Welche Menge an Staatsverdrossenheit wir produziert haben! Da waren wir Weltspitze.

WERNER SCHNEYDER

Kommunisten beschwören gern die reine Quelle. Aber dort, wo Wasser Kraft hat, in den Flüssen, an Mündungen – da ist es nun mal schmutzig.

PETER STEIN

Zu viele haben zu vieles, vor allem Unmenschliches, unter Sozialismus verstanden. Die Welt verändern wir jeden Tag mit jedem Atemzug, aber die Menschenwelt gerechter zu gestalten, ist, wie wir wissen, unmöglich. Wenn wir es freilich nicht trotzdem versuchen, haben wir uns als Menschen verabschiedet.

IGNAZ KIRCHNER

Unser aller Last ist mißlungene Geschichte, unser aller Gegenwart ist mißlingende Politik.

KLAUS POCHE

Wenn Sie von zwanzig Filmen zehn verboten bekommen, ist das nicht sehr angenehm. Dazwischen lag verlorene, quälende Zeit. Dann diese ständige Belehrung und Arroganz. Klaus Höpcke, der Buch-Minister, sagte mal: Herr Poche, ich will Sie doch nur vor einem schlechten Buch bewahren – da wurde das Verbot auch noch in anbiedrische Fürsorglichkeit gekleidet! Irgendwann klingelte es nachts bei mir zu Hause – aber jedesmal war niemand draußen. Später standen Kampfgruppen vor meinem Haus, mit deutlich drohender Geste: Da wollen wir mal dem Dichter die Arbeiterfaust unter die Fresse halten! Es kommt der Punkt, da denkt man nicht mehr an die Folgen, da wird man zum „kleinen Luther": Hier stehe ich und kann nicht anders. Im Gegensatz dazu sagte mir mal ein tschechischer Kollege: Ach, weißt du, bei uns ist das mit der Courage so: Hier stehe ich – aber ich könnte auch anders. In jedem Deutschen steckt eben auch ein kleiner Michael Kohlhaas, nie aber ein Schwejk.

ARMIN PETRAS

Ich war unglücklich in der DDR. Aber es war meine glücklichste Zeit. Zeitweilig habe ich die DDR gehaßt, als einen Ort, aus dem es kein Entfliehen gab. Aber es war meine Heimat. Und Heimat kann man sich nicht aussuchen, so wie Familie. Was machte das Glückliche an jener Zeit aus? Bei Union Berlin habe ich Fußball gespielt, bei der Armee auch. Ich war Mittelläufer und Kapitän und wollte unbedingt in die Nationalmannschaft ... Ich finde, mit etwa siebzehn Jahren versteht der Mensch am besten, was Leben und Welt bedeuten. Die Glücksgefühle sind am intensivsten und zugleich am unerklärlichsten, und das Unglück kommt ganz selbstverständlich, und die Hilflosigkeit gegenüber Glück und Unglück ist auch ganz selbstverständlich. Dann allerdings wird jeder Instinkt mit Wissen zerstört, das ist das eigentliche Trauma der abendländischen Zivilisation. Wenn alle Instinkte wie Antennen ausgefahren sind, das ist das Glück. Aber natürlich muß man daran auch verzweifeln. Schutzlosigkeit bleibt nicht straflos. Das Glück ist nicht immer lustig.

HANS MEYER

Das Verdienstvolle am Sozialismus: Die mangelnde Möglichkeit, Millionär zu werden, ging einher mit der mangelnden Möglichkeit, unter einer Brücke zu landen.

STEPHAN HERMLIN

Mein gesamtes Leben habe ich mich mit dem französischen Dichter Stendhal beschäftigt. In dieser Gestalt der europäischen Geistesgeschichte sehe ich nach wie vor ein tragendes, betroffenmachendes Sinnbild für eine offenbar nie endende jämmerliche Zeit des Verrats, der Wendehälse, des Umschlags aller Werte. Stendhal hat den Bourbonen gedient und wohl in schmerzender Anstrengung die Zähne zusammengebissen, um nicht auszuspucken, auch vor sich selbst. In tiefstem Widerspruch zu seiner Zeit hat er gelebt, aber eben: Er hat gelebt, hin- und hergerissen, und an ihm exemplifiziert sich das traurige und zugleich häufigste Schicksal, das dem Menschen widerfährt: sich anpassen zu müssen und sich auch anpassen zu wollen – als einer Grundbedingung gewisser Freiheit.

GÜNTER GAUS

Es gibt ein Menschenrecht auf unauffälliges Leben. Bereits sehr früh dachte ich mit Lust darüber nach, daß man ein abendländisches Leitbild verändern müßte: Vom Ikaros, der den Höhenflug riskiert, dadurch der Sonne zu nahe kommt und abstürzt, sollten wir uns dem Dädalos zuwenden, der das Fliegen erfand, es aber auf bekömmlicher Höhe betreibt. Menschenmaß – das ist etwas, was die Kommunisten leider nie begriffen, sie wollten unbedingt Ikaros sein, sie betrieben die Ausbeutung des kleinen Mannes, indem sie ihn auf den Höhenflug einschworen, und sie sind gestürzt. Immerhin: Ikaros ist der einzige gewesen, dem noch der Sturz als Flug angerechnet wurde.

MATTHIAS BELTZ

Man kriegt heute seine Probleme, wenn man links steht, jedoch ethnisch nicht ins Protestraster paßt. Ich bin ein weißer, heterosexueller, gesunder, also nichtbehinderter und zudem noch berufstätiger Mann aus Oberhessen – da wird man doch sofort auf die Täterseite gerückt.

UWE STEIMLE

Immer gibt es im Deutschen etwas wegzuwischen. Oder zu vertuschen. Davon erzählen die Schonbezüge über den Sofapolstern. Auch unsere Kultur kennt einen Ritterschlag, den man so wunderbar als Training für den Genickschlag mißverstehen kann: den berühmten Handkantenhieb ins Sofakissen. Zack!

TÄVE SCHUR

Die DDR ging am Mangel zugrunde. Aber wir haben trotz Mangel erstmal was aufgebaut! Als zur Wende die HO abgewickelt wurde, so eine Baracke, da kriegte ich Dachpappe in die Hände, und da waren Pappennägel drin, aus Blech gestanzt. Da dachte ich, Mensch, was werden sich deine Kumpels auf die Daumen gedroschen haben, als sie diese Nägel reinhauten. Die Kumpels drüben hatten bestimmt ordentliche und verzinkte Nägel. So muß man die Sache auch mal sehen. Vierzig Jahre DDR haben nämlich gezeigt: Es hat seinen Reiz, mit geringen Mitteln eine politisch weit mächtigere Institution wie den Kapitalismus in Unruhe zu versetzen.

MATTHIAS BELTZ

Nach dem Zweiten Weltkrieg kamen die Ossis auf Radikalkur, vollständiger Wohlstandsentzug, als Folge haben wir die Bitterfelder Rachitis. Die Westdeutschen haben eine Rehabilitation nach Dr. Marshall und Mr. Plan verschrieben bekommen. Ergebnis: Geiz und Menschenstopfleber.

CLAUS PEYMANN

Ich stand immer auf der richtigen Seite der Barrikade. Aber wir haben es nicht geschafft, mit dem Besitz einer Wahrheit wirklich ewas zu verändern. Unsere Träume haben wir einem Pragmatismus geopfert, bei dem es zwar aufwärts, jedoch nicht wirklich vorwärts ging. Was Jüngeren nun bleibt, ist ein dumpfes Wegrotzen von Realität.

B. K. TRAGELEHN

Verbittert bin ich überhaupt nicht. Aber ich meine schon, die DDR war ein Sumpf, und sie ist leider nicht durch eine Revolution abgeschafft worden. Wenn es wirklich eine Revolution gegeben hätte, könnten sich einstige Funktionsträger nicht noch immer gebärden, als wären sie Staatsmänner mit einem Recht auf Immunität. Auf der einen Seite wird der Täter-Mythos von einigen Leuten strapaziert, weil sich damit zugleich ihr Opfer-Mythos länger hält – aber andererseits ist es bodenlos, wie wenig einige Groß-Genossen darüber nachdenken, daß sie Ideen-Verrat begingen. Der ist schlimmer als Vaterlandsverrat. Es genügte also schon, wenn jedes ehemalige Politbüro-Mitglied zu einer einzigen Strafe verurteilt würde: Auf dem Schreibtisch müßte lebenslänglich ein Ceausescu-Foto stehen.

FRANK CASTORF

Ich sagte mir in der DDR: Immanuel Kant kam nie aus Königsberg raus! Was sollte ich mich da aufregen? Verbote schüren Kraft. Die DDR hatte nur einen einzigen freien und sauberen Zufluß – die Phantasie des Menschen. Das ist ein gefährlicher Zufluß. Ich wurde unter diesen Verhältnissen nicht aggressiv, sondern traurig – weil ich nicht gewußt hätte, wohin. Man fährt als Steppenwolf auf dem Highway, aber man sitzt doch nur in Anklam.

ARMIN PETRAS

Ich lebte in Berlin-Mitte. Die fehlende Reisefreiheit war für mich ein gigantisches Problem. Mein großes Problem war überhaupt immer: Freiheit. Was ist das? Die Mauer ist weg. Das Problem ist aber noch da. Freiheit. Was ist das? Ich kann es nicht sagen, ich bin ständig nur mit Zellenwechsel beschäftigt. Jetzt sind die Mauern halt andere. Leben ist Arbeit an diesem Einverständnis. Da, wo ich bin, gehöre ich hin. Egal wo.

STEPHAN HERMLIN

Die Erfahrungen meines Lebens sind geprägt worden durch den antifaschistischen Kampf. In dem Deutschland, in dem ich nun lebe, bestehen Demokratie und Toleranz auch darin, daß Henker und Opfer gleichermaßen geehrt werden. So gesehen, bleibt es weiter ein geteiltes Land, und das will ich in bezug auf eben genanntes Beispiel auch hoffen.

FELICIA LANGER

Wo Freiheit ausströmt, strömen auch Gifte aus. Das sieht man auch dort, wo einst DDR war. Aber nicht nur dort, und genauso falsch ist es zu behaupten, alle Deutschen schauten wieder nur weg. Bei uns in Tübingen war ein Hakenkreuz mit roter Farbe an eine Wand gemalt. Mein Mann und ich sahen es immer beim Einkaufen. Unerträglich. Wir kauften uns weißes Farbspray. Es war weit nach Mitternacht, als wir loszogen. Und was sahen wir? Die Arbeit war schon geleistet. Dort, wo das Hakenkreuz gewesen war, prangte eine rote Kugel, flankiert von den Buchstaben S links und NNE rechts – SONNE.

GEORGE TABORI

Rassismus ist nicht die Angst vor der anderen Religion. Rassismus ist die Angst davor, daß die Unterschiede zwischen den Religionen einem nichts mehr ausmachen.

GÜNTER GAUS

Totalitäre Antikommunisten sind für mich ebenso schwer erträglich wie alle anderen totalitär Gesinnten. Ich habe nie verstanden, warum jemand ein Triumphgefühl artikuliert, wenn er feststellen darf, daß der Mensch nicht gut genug ist, wirklich Kommunist zu sein. Daß der gewöhnliche Charaktermangel, im Ernstfall mehrheitlich, in jedem System stets die Oberhand gewinnt – davon bin ich seit langem ausgegangen, die Weltliteratur ist eine Chronik der Charaktermängel. Aber warum ich darüber so glücklich sein soll, begreife ich nicht.

MATTHIAS BELTZ

An den Kommunisten mißfällt mir, daß sie jede Kneipe so diszipliniert kurz vor Mitternacht verlassen – damit sie beschwörend rufen können: Schon wieder fünf vor zwölf in Deutschland!

BARBARA THALHEIM

Melancholie ist eine mögliche Form, auf gelebtes Leben zurückzublicken. Ohne ständiges Schuldbekenntnis, ohne Rechtfertigungszwang. Ich möchte mich meiner Emotionen nicht schämen müssen, wenn ich mich öffentlich an ein Leben in der DDR erinnere. Bei Künstlerkollegen aus dem Westen erlebe ich häufig, daß Erinnerung im Sarkasmus endet: Ach, wie blöd man war, daß man Ideale hatte! Trauer über die Realität empfinde ich als Trauer, nicht als Gag.

HANS MEYER

Man kann uns glücklich aus dem Schein-Sozialismus Herübergeretteten alles Mögliche vorwerfen. Daß wir ökonomisch versagt haben. Daß wir eine blöde, verspießerte Führung hatten. Daß wir, offenbar genauso verblödet und verspießert, dieser Führung hintergelaufen sind. Daß wir keine Leistungsgesellschaft waren. Daß wir undemokratisch gewesen sind. Das und noch mehr muß man uns unbedingt vorwerfen. Und deshalb ist dieser Sozialismus zu Recht weggeblasen worden. Nur über eines darf die Welt, die übriggeblieben ist, mit mir, bitteschön, nicht diskutieren: über Moral.

MATTHIAS BELTZ

Deutsche Gemütlichkeit stellt sich nicht her in den Frösten der Freiheit. Gemütlichkeit entsteht dort, wo Menschen miteinander sind, wo Gemeinschaft statt Gesellschaft ist, wo der eine für den anderen denkt, also: in der Knechtschaft.

CHRISTOPH RANSMAYR

Menschen, die in autoritären Systemen nicht unter allen Umständen etwas werden wollen, arbeiten vielleicht nicht an der Rettung, aber doch an der Verbesserung der Welt.

CAROLA STERN

Ich halte es für ein Manko der Linken, daß es nie gelang, die bürgerlichen Tugenden in die eigene politische Bewegung zu integrieren. Ich habe aber gelernt, daß man sich eine wichtige Eigenschaft aneignen muß: Mut vor dem Freund. Ich erinnere mich an eine Versammlung an der Parteihochschule Anfang der fünfziger Jahre in Kleinmachnow. Es ging um die Verurteilung eines alten Komunisten, der in der westlichen Emigration gewesen war. Ein absolut linientreuer Mann, der nur das Pech hatte, in die falsche Himmelsrichtung emigriert zu sein. Die Anklage wurde erhoben, die meisten schwiegen, einige redeten gegen ihn. Plötzlich stand eine junge Frau auf und sagte: „Genossen, ihr irrt, ich bin seine Sekretärin, ich weiß, was für ein treuer Genosse er ist, und nie würde er etwas tun, das der Partei schaden kann. Genossen, haltet ein auf diesem Weg!" Niemand stimmte ihr zu. Am Ende gingen die Hände hoch zur Aburteilung des Genossen. Diese junge Frau ist mir für mein ganzes Leben ein Vorbild geblieben, und immer, wenn ich in einer Versammlung saß und mich überzeugte etwas nicht, dachte ich: Denk an sie, steh auf und sage es. Auch wenn die anderen nicht zustimmen. Und immer spürte ich, daß genau das eben das schwerste ist: dieser Mut vor dem Freund.

MATTHIAS RICHLING

Was regt sich der Ostdeutsche über hohe Mieten auf! Wozu braucht er überhaupt noch eine Wohnung, wo er doch schon einen Platz in der Geschichte hat.

HORST SCHROTH

Vor einiger Zeit gastierten wir in Dresden. Ich übernachtete in einem kleinen Igluzelt, direkt am Elbufer. Morgens ein herrlicher Sonnenaufgang, die Schiffe fuhren vorüber. Kommt eine Dresdner Familie vorüber, sieht, wie ich das kleine Zelt in meinen gemieteten Volvo-Kombi packe – und wie die Leute so vorbeigehen, höre ich den Mann sagen: „Also, wenn ich so'n großes Auto hätte, würd' ich doch nich' im Zelt penn'." Das ist die Gefühlslage, die ich leider immer mehr antreffe.

GEORGE TABORI

Böll und Kleist und Faust kann ich doch nicht mit Himmler in einen Topf werfen, nur weil die alle Heinrich hießen. So wie ich *die* Deutschen nicht hassen kann, kann ich allerdings Deutschland oder ein anderes Land auch nicht lieben. Eine Landkarte kann ich nicht lieben. Lieben kann ich nur einzelne Menschen.

WALTER JENS

Not tut ein Denken in Bildern, die nicht vorbestimmt sind. Der Kommunist Hanns Eisler hatte auf dem Totenbett Wagners Tristan-Partitur liegen. Und wenn ich durch die Akademie der Künste gehe, sehe ich als ergreifendes Zeugnis die Totenmaske eines meiner großen Vorvorgänger im Präsidentenamt, Max Liebermann. Und diese Maske stammt von – Arno Breker.

HELENO SAÑA
Als einzelner Bürger ist der Deutsche eher ein Privatmensch, und er ist unpolitisch in dem Sinne, daß er die Pflicht zu politischem Handeln fast ausschließlich und unbedenklich auf die Regierenden überträgt. Aber dann ist er freilich entsetzt, wenn die Regierenden, nicht unbedingt zum Wohle des Volkes, von diesem Recht Gebrauch machen. Ich glaube, man kann dies als die eigentliche deutsche Ideologie bezeichnen: Alles, was geschieht, ist dann richtig und gutzuheißen, wenn es behördlich abgesegnet wurde. Und von daher droht gegenwärtig große Gefahr: die Aushöhlung der Demokratie innerhalb der verfassungsmäßigen Spielregeln. Die demokratische Erosion geht gleichsam in geordneten Bahnen vor sich.

DOROTHEE SÖLLE
Es wird keinem auf Dauer gelingen, alle menschheitlichen Träume unter Stalinismusverdacht zu stellen.

KEN LOACH
Auf deutschen Straßen fällt mir auf, daß so wenig gehupt wird. Wieviel Wut, wieviel Druck wird da in den Seelen gestaut. In Deutschland hätte ich Angst vor jeder Nadel: ein kleiner Stich in die Haut, und alles platzt womöglich.

FRANK CASTORF
Was in früheren Jahrhunderten über Jahre hinweg Gesellschaften abschaffte, sehr mählich, in progressiven und restaurativen Phasen – das ging bei der deutschen Einheit an vierzehn Feierabenden über die Bühne. In Deutschland kommt nichts aus gewachsener Kraft. Der Kopf sagt: Wir müssen, wir müssen!, und der Bauch macht's mit Magendrücken nach. Der Rest sind Blähungen.

CHRISTOPH SCHLINGENSIEF

Herr Hansing, unser Veranstalter, hatte in Regensburg die Genehmigung für die Beschallung der Stadt mit Wagner-Musik organisiert. Wir fingen also an. Ein alter Mann stand eine Stunde lang an der Sparkasse, ließ sich mit Wagner beschallen, ging dann beim Alberich-Thema in die Bank hinein und kam mit einem Metallmülleimer zurück. Einer rief, das sei ja Alberich mit dem Ring der Nibelungen! Da wurde Herr Hansing plötzlich sehr unvermittelt sehr nervös und schrie unverständlicherweise, Regensburg sei nicht Kassel, der Ort der „documenta", und jede Kunst habe ihre Grenzen. Die Polizei stoppte unseren Zug. Ich weiß aber nicht, warum. Die Rede war mit einem Male von Volksverhetzung. Die Polizisten fragten mich nach meinem Wohnort. Ich antwortete, ich suchte Deutschland, hätte es aber noch nicht gefunden, könne also deshalb meinen Wohnort nicht angeben. Hansing, unser Hansing, gab den Polizisten eine Adresse von mir. Das ist Verrat! Ist Hansing Hagen? Oder Gunther? In der Abendveranstaltung jedenfalls distanzierte er sich von uns. Bernhard Schütz, Schauspieler von der Volksbühne, hat ihm das Toupet vom Kopf gerissen. Ich sah bei Hansing in diesem Moment Augen, die hatten das Leben begriffen. Eigentlich, so dachte ich in dem Moment, gehört er zu uns – mit diesem Blick, der auf der Suche ist wie wir alle. Aber er wurde mit Verdacht auf Herzinfarkt ins Krankenhaus gebracht. Nichts mehr gehört von Hansing. Das ist Schicksal, und Regensburg ist die Geburtsstunde der Nibelungen.

LUC BONDY

Am Tag der Wiedervereinigung war ich in Berlin. In der S-Bahn saß ein Betrunkener, mit Zigarette. Er sagte laut: Alle Polen raus! Ein junger Deutscher ihm gegenüber sagte: Hier ist Rauchen verboten. Der andere weiter: Hier ist Deutschland, alle Polen raus! Da stand der Junge auf, ich dachte, was kommt jetzt – und er nahm ihm die Zigarette aus dem Mund und machte sie aus: Hier ist Rauchen verboten! Der junge Mann hatte sich couragiert verhalten – weil der andere gegen die Ordnung verstieß, aber nicht, weil er Ausländerböses sagte ...

MATTHIAS LANGHOFF
Wir gehen einer Nomadengesellschaft entgegen, in der alles, was dem Bodenrecht entspringt, mehr und mehr an Bedeutung verliert. Das hat eine Völkerwanderung nach Westen in Gang gesetzt. Für viele Menschen ist Berlin dabei die erste, interessanteste und deshalb oft letzte Station. Berlin hätte ein Ort werden können, an dem hereinströmende östliche Erfahrung als Reichtum begriffen wird - als eine Herausforderung, jeden Wildwuchs wichtiger zu finden als diese öde betonierte Übersicht und kapital ängstliche Lenkung. Wäre doch wunderbar gewesen: eine Stadt, in der sich Deutschland endlich mal selbst vergessen kann.

JUTTA DITFURTH
Mein schönstes Musikerlebnis? Das Pfeifkonzert, als nach der Öffnung der Mauer bei einer Danksagung vor dem Schöneberger Rathaus Brandt, Kohl, Momper und Genscher die Nationalhymne sangen.

III

MILLIARDEN JAHRE IN UNS

Alexander Kluge
Im Tornister tragen wir Milliarden Jahre

Alexander Kluge, Sie nennen die Gefühle „die wahren Einwohner der menschlichen Lebensläufe". Ihr erzählerisches Werk ist also ein riesiges Einwohnermeldeamt.

Sagen wir lieber: eine Börse. Gefühle sind die hochdifferenzierte subjektive Seite objektiver Verhältnisse, und diese Seite interessiert mich.

Besonders da, wo eine Hierarchie sich ändert oder ein Reich implodiert?

So etwas erfaßt ja auch die Lebensläufe. Im Lebenslauf verteidigt der Mensch das einzige, was er besitzt: seine Zeit und seinen Eigensinn. Mich bewegt, wie diese Logik, die ein Mensch in seiner Froschperspektive für sich selbst entwickelt hat, durch Zeitgeschichte korrigiert, aufgerieben, gestoppt, zerstört wird. Oder wie diese erworbene Logik gekräftigt wird: Es gibt nämlich Dinge, die sich Menschen nicht wegnehmen lassen. Gefühle können Partisanen sein, Katalysatoren, Störenfriede, Bremser und Vollender. Sie sind ein geheimnisvolles Inventar der Geschichtslandschaften, sie begründen bestimmte Prozesse weit jenseits des organisierten guten Willens, der sich Politik nennt.

Das 12. Kapitel Ihres Buchs „Chronik der Gefühle" heißt: „Der lange Marsch des Urvertrauens". Worin besteht dieses Urvertrauen?

Wir Lebewesen sind in der Evolution nur deshalb übriggeblieben, weil wir unmittelbar nach der Geburt einen spezifischen Irrtum begehen: Wir denken, die Welt meine es gut mit uns. Dieser Irrtum umgibt den einzelnen Menschen mit einem Kokon der Selbstsicherheit: Ich werde verschont. Das schützt vor Verzweiflung. Dieser Reflex ist nicht funktionell entstanden, sondern er ist eine Mitgift. Dieses Urvertrauen kann dann, wenn es das Leben überhaupt nicht gut mit uns meint, zu einer überlebenswichtigen Zeitversetzung in der Wahrnehmung führen.

Das richtige Bewußtsein für eine Situation, die uns zu erschlagen droht, kommt zum Glück oft viel, viel später?

Ja. Deshalb blicken die Kinder uns immer wieder aufs Neue an und sagen: Wir können uns Auschwitz nicht vorstellen. Dieses Urvertrauen ist eine der besten und ältesten Eigenschaften des Menschen.

In Halberstadt, am 8. April 1945, erleben Sie einen Bombenangriff: vier Tote im Keller eines Kinos. Auch die Kinokassiererin ist verzweifelt – aber nur darüber, wie sie die 14-Uhr-Vorstellung retten kann.

Das ist so ein Beispiel: Wenn die Geschichte zuschlägt wie bei einem Bombenangriff, dann antwortet unser Gefühlsapparat mit Ausweichungen. Normalerweise nahm man über Tausende von Jahren an, daß man im schlimmsten Falle der Lebensbedrohung eine weiße Fahne hissen kann. Aber wie wollen Sie eine weiße Fahne hissen gegenüber einer fliegenden Industrie? Das wird plötzlich als Produktionsverhältnis sichtbar, das kann ein einzelner Mensch nicht fassen, er ist gleichsam mit einer Jahrhundertversetzung konfrontiert und rettet sich in eine Routine, die natürlich unangemessen ist: in die Organisation einer Kinovorstellung. Und ich selber habe während des Bombenangriffes nur gedacht: Aber am Nachmittag muß ich doch zur Klavierstunde. Mein Urvertrauen: Mit dem Krieg bin nicht ich gemeint. Zwei Irrtümer.

Sie sagen: „Alle Eigenschaften des Menschen enthalten die Möglichkeit einer Schatzbildung, die zur Errichtung von Gemeinwesen, zum Transportmittel für emanzipatorische Prozesse geeignet ist." Im Klartext: In uns leben die uralten Geschichten weiter.

Ja. Die Menschen tragen wie in einem Tornister Eigenschaften der gesamten Evolution, also der gesamten 4,2 Milliarden Jahre, mit sich. Sie sind in diesem Sinne eigentlich alle verkannte

Genies, das ist keine Übertreibung. Ich glaube, daß erst heute allmählich die Erfahrungen der Bauernkriege oder sogar der Zeiten davor an die Oberfläche kommen, ohne daß wir dies merken. Wenn ein Leben in eine andere Kultur gerät, in eine andere gesellschaftliche Existenzweise, nehmen Sie zum Beispiel den Übergang von der Bauernwirtschaft zur Gewerbefreiheit, dann wird sich das hundert Jahre später noch ausdrücken und auswirken. Ich denke, daß zum Beispiel die dreißiger Jahre des vergangenen Jahrhunderts im 21. Jahrhundert gewissermaßen aus der Tiefe auftauchen. Deshalb müssen die Erzähler wie Maulwürfe sein – damit von dieser Substanz rechtzeitig möglichst viel an die Oberfläche kommt. Es geht um subjektive Ströme, die wir nicht richtig kontrollieren können, aber die eine Art gesellschaftliches Unbewußtes bilden.

Dann leben wir auch nicht wirklich in Zeiten der fatalen Beschleunigungen und kulturgefährdenden Fluchtgeschwindigkeiten?

Wir leben nach Trägheitsgesetzen. Wenn etwas beschleunigt wird, verlangsamt sich irgend etwas anderes. Ich zweifle daran, daß sich Menschen binnen hundert oder zweihundert Jahren nennenswert wandeln. Einzelne Eigenschaften können treibhausmäßig beschleunigt werden, andere wiederum bleiben genauso wie vor zweitausend Jahren. Die Gefühlszonen, die Mentalitäten sind ein ungeheuer langsam entstehender Bau. Aber um das Auf und Ab auf dieser Baustelle zu bemerken, müßte man uns aus einem Abstand betrachten, den nur ein Marsmensch haben kann.

Liegt in der gefühlten Nähe zum Archaischen der Grund dafür, daß Sie leere Landschaften lieben – Wüsten, die Arktis, den Himmel?

Was heißt leer? Solche Landschaften sind voller Sauerstoff. Andererseits bin ich ein exzessiv begeisterter Städter. Da stehe ich an einer Ecke und stelle mir vor, hier sind schon Millionen Füße vorbeigegangen. Das ist für mich ebenso spannend wie eine unberührte Landschaft, die jenem Zustand ähnelt, den unsere Ahnen in der Eiszeit wahrnahmen.

Sie mögen Dämmerungen.

Dämmerungen sind Übergänge. Wer Übergänge mag, hat Hoffnung. Hoffnung brauche ich, unbedingt. Wir sind illusionsproduzierende Lebewesen; fehlt uns die Hoffnung, erzeugen wir sie, und zwar verläßlich gegen alle Einsicht.

Gehört zum Urvertrauen auch Wahrheitsliebe?

Es gibt keine Wahrheitsliebe, die in gleicher Weise so Natur in uns wurde wie die Illusionsliebe. Wirklichen Zugang zum Begriff Wahrheit vermag der Mensch wohl kaum zu entwickeln; aber was er ganz stark und verläßlich entwickeln kann, ist Unterscheidungsvermögen.

In Texten über Sie taucht oft Ihr Vater auf, ein Opernarzt. Beschreiben Sie bitte Ihre Mutter.

Meine Mutter ist in Berlin geboren, ein sehr lebhafter Mensch, sie kommt aus einer Kaufmannsfamilie, die aus Manchester nach Deutschland gereist ist; in Berlin-Köpenick kam sie mit dem Schiff an, auf der Spree ... Ganz im Gegensatz zur Familie meines Vaters, die aus Lehrern, Ärzten, auch Schreibenden bestand, setzte sich die Familie meiner Mutter aus guten und genauen Rechnern mit starken sportlichen Interessen zusammen. Meine Mutter wurde blitzartig von meinem Vater bei einem Besuch in Halberstadt entdeckt und binnen sieben Tagen geheiratet. Es ist die liebste Person, die ich kenne.

Einer Ihrer wichtigen Filme heißt „Deutschland im Herbst" (1977/78). Eine Metapher für das bis heute wirkende Bleierne des Landes?

Nein, gar nicht. Die Laubfärbung im Herbst hat etwas Farbiges, das sind nicht nur fallende Blätter und Depressionen. Sondern: Ein langes Gedächtnis wollen wir uns nun machen. Das Motto des Filmes „Deutschland im Herbst" lautet: An einen bestimmten Punkt des Elends angekommen, ist es schon gleich, wer es verursacht hat – es soll nur aufhören. Das ist ein Spruch der Kinderfrau, die wir in Halberstadt hatten, Frau Anna Wilde ... Also: Herbst, das ist Besinnungsstärke, da setzt nach den Ernten die Pause ein. Den ganzen Winter wird in bäuerlichen Häusern erzählt, das ist keltische Tradition. Im Herbst leuchten die inneren Feuer, und die Ablenkung durch das äußere Feuer, unsere Zentralsonne, ist geringer.

Welches Verhältnis hatten Sie zu den Achtundsechzigern?

Das eines Fünfundvierzigers. Alle Jahrgänge, die in mehreren Gesellschaften lebten, haben ein bestimmtes kritisches Interesse, das sie dann eines Tages, auch 1968, daran hinderte, einfach mitzulaufen. Man bleibt Chronist.

In welcher Zeit hätten Sie gern gelebt?

1801. An der Schwelle. Seit 1789 hat ein neues Jahrhundert begonnen, und ich weiß ja 1801 noch nicht, daß das 1815 schon wieder zu Ende sein wird. Ein eingequetschtes Jahrhundert. Es gibt Rossini, die Gewerbefreiheit, die preußische Gemeindereform, es gibt das neue Frankreich, den ägyptischen Feldzug, Alexander und Wilhelm von Humboldt. Die Gründung der Berliner Universität fand noch nicht statt, aber sie wird kommen. Das ist eine Zeit, in der mehr Bücher veröffentlicht wurden und mehr Freiheit in der Sprache steckte als je zuvor.

Ihre jahrelangen Gespräche mit Heiner Müller wurden als scharfsinnige „Schnitte ins eigene Fleisch des denkenden Menschen" bezeichnet: der kalte, sezierende, neugierige Blick geht weg vom Elend des mittelmäßigen Konsens. Eines der letzten Gespräche, im Herbst 1995, kreiste um den Tod, es war der Tod ganz in der Nähe Müllers.

Wir hatten uns vorgenommen, immer an der inneren Widerstandslinie entlang zu sprechen, also nicht schonend zu reden. Wenn man von seinem Gegenüber weiß, daß es ein lebhafter Geist ist, der aber von seinen eigenen Körperzellen umgebracht wird, dann muß man darüber auch sprechen. Mich hat interessiert, ob er sich eine Wiedergeburt oder sonstige Tröstungen vorstellen kann. Müller antwortete: Ja, es könne schon sein, daß Tote nicht tot sind, aber sie werden gedächtnislos sein. Und dann sei es eigentlich egal.

Seine innige Beziehung zu seiner kleinen Tochter – damit zeigte er sein eigentliches Verhältnis zum Tod.

Aber nicht, weil sie ihn überleben würde, sondern weil sie das einzige Wesen war, das ihn ganz traurig machte – weil er es nicht schützen konnte. – Warum interessiert Sie das?

Weil ich wissen möchte, was Sie selber über den Tod denken.

Ich glaube nicht, daß wir wirklich sterben. Die Toten, auf der Unterseite der Welt, beeinflussen uns. So wie unsere 37 Grad Körpertemperatur den Wärmegrad der Urmeere konservieren, so denke ich, daß in uns die Traditionen aller toten Geschlechter bewahrt sind. Wie das alles konkret vonstatten geht, kann ich Ihnen natürlich nicht erläutern. Aber es gibt vertrauenswürdige Texte, etwa von Andrej Tarkowski, die mit diesen unerklärlichen Fragen umgehen. Auch ich tue das achtungsvoll, ohne wirklich ausbreiten zu können und zu wollen, was ich glaube.

Sie sind als Erzähler nicht daran gebunden, Wahrheitsbeweise anzutreten.

Eben. Aber daß ich einen Text, in dem das Wort „Götter" oder „Totengericht" vorkommt, nicht abschätzig lese, oder daß ich Heiner Müllers Gesichtspunkt, die Toten würden die Lebenden verankern, nicht für eine Phrase halte – da können Sie sicher sein.

Martin Walser
Man darf sich nichts gefallen lassen. Punktum

Martin Walser, im poetischen Bodensee-Buch von 1982, das Sie „Heimatlob" nannten – in diesem Buch beschreiben Sie eine Sehnsucht: „Ich liebe den See, weil es sich bei ihm um nichts Bestimmtes handelt. Wie schön wäre es, wenn man sich allem anpassen könnte. Auf nichts Eigenem bestehen ... Das wäre Harmonie ... Aber nein, dauernd muß man tun, als wäre man der und der."

So eine Vorstellung, ja. Man träumt beim ausdauernden Blick in diese Natur und auf deren wechselnde Bilder, wie erleichternd es doch wäre, vieles nicht zu sein, statt immer nur auf ein So-und-nicht-anders-Sein pochen zu müssen. Solches Pochen hat meist wenig Anmut. Jede Identität ist auch Verfestigung. So kommen ihr schnell Würde und Schönheit abhanden.

Und Sie zitieren den mittelalterlichen Dichter Seuse, auch ein Bodensee-Mensch.

Ein Spezialist für Buddha in Europa. Er beschreibt Lebenskunst als die Fähigkeit, zum Beispiel bei jeder öffentlichen Demütigung einfach nur immer entkrampfter zu werden.

Schwierige Übung.

Daseinsschmerz ist ja nicht aus der Welt zu bringen, aber es müßte möglich sein, ihn auf genießbare Art empfinden zu können. Das geht nur, wenn man gelassener wird. Was auch geschehen mag: sich nicht aus seinem Ich vertreiben lassen. Ohne sich darin zu verbarrikadieren.

Warum ich „Heimatlob" anführte: Hier in dieser Natur am See zu leben, das ist doch wohl eine beträchtliche Aufmunterung – ange-

sichts der beleidigenden Zumutungen gegen Sie, im Zusammenhang mit dem Roman „Tod eines Kritikers".

Ich weiß zwar nicht, was ich ohne diese Gegend hier tun würde, aber sie hilft natürlich nicht, wenn der Dreck heranschwappt. Außer, sich immer wieder des eben beschriebenen Wunschtraumes von Gelassenheit zu vergewissern und festzustellen: Das bleibt ein Traum. Es ist übrigens kurios, wie regionale Verwurzelung ja sogar gegen mich verwendet wurde. Als sich mein Empfinden vor Jahren der sogenannten Realpolitik, nämlich der deutschen Teilung, verweigerte – ich sagte damals, ich könne mich nicht damit abfinden, deutsche Geschichte in einem Katastrophenprodukt enden zu lassen –, da hieß es: Der stammt vom Bodensee, was muß den die deutsche Einheit kümmern.

Sie sind verletzt worden, in der Debatte um Ihren jüngsten Roman bei weitem nicht zum ersten Mal. Am meisten von linken Dogmatikern. Die schon beim Wort „Geschichtsgefühl" die Fasson verlieren. Die in ihrer Borniertheit auch nicht stört, nie richtig gelesen zu haben. Woher Ihre Ausdauer, aus Erfahrungen mit solchen Leuten nichts lernen zu wollen, also: nicht einzulenken, nicht still zu sein?

Lernen wäre: die Erfahrung zu vergewaltigen und mir zu verübeln, sie gemacht zu haben. Nein! Vielleicht rührt das schon von sehr früh her. Es ist einem wahrscheinlich schon genetisch beschieden, viel oder nicht sehr viel von der Macht zu halten, in welcher Form sie auch auftritt. Man kann ja über sich selbst nur etwas erfahren, wenn man sich mit anderen vergleicht: Wieviel lassen die sich gefallen, wie gesund bleiben sie dabei? Mich jedenfalls hält kein autoritäres Sprachrohr davon ab, meine eher geringe Perspektive für wichtig zu halten. Sie ist ja mein Leben. Was richtig ist, weiß ohnehin niemand, und durch Autoritäten ist das am wenigsten zu klären.

Sie sagen, „Tod eines Kritikers" hätten Sie „viel weniger wissend als empfindend" geschrieben?

Ja, die Empfindung war: Man darf sich nichts gefallen lassen.
Punktum. Egal, wer da Macht über dich ausübt. Jede Macht
bedeutet Verletzung: Du darfst nicht sein, wie du sein möchtest
und sein mußt. Jede Macht tut dann noch so, als sei sie für das,
was sie an dir ausübt, nicht mal belangbar. So geschieht das auch
im Literaturbetrieb, auf seiner schlimmsten Frequenz, und nur
die habe ich im Buch behandelt. Ich rede ja nicht von den prächtigen Leuten, mit denen ich seit Jahrzehnten diskutiere. Mit
jenem Herrn aber befand ich mich nie in einer Diskussion.

Jener Herr ist Marcel Reich-Ranicki.

Heute morgen suchte ich etwas in meinen Notizbüchern und
landete in einem dieser kleinen Bändchen, ich glaube, Nr. 14
b von 1976 – da traf ich auf das, was dieser Kritiker über meinen Roman „Jenseits der Liebe" absonderte: Es lohne sich nicht,
auch nur eine einzige Seite dieses Buches zu lesen. „Jenseits
der Literatur" war das überschrieben, ich sei ein Bajazzo, zu
wenig seriös, hätte das Linke, dem ich doch eine Zeitlang zuzuordnen gewesen sei, nie ernst genommen, und, und, und. In
meinem Notizbuch damals habe ich mit zwei handschriftlichen
Seiten darauf reagiert – die hätte ich nie in den jetzigen Roman
übernehmen können. Denn das war in der scharfen Tonlage
eine Realstimmung aus direkter Notwehr heraus. Da bleibst du
also über dreißig Jahre stumm, immer wieder, protokollierst
nur im stillen die fortlaufenden Verletzungen, und niemand
fragt: Wie hältst du das aus? Es gibt damals die Abkürzung
T. e. Kr. ...

Tod eines Kritikers.

Ja. Die gibt es seit über fünfundzwanzig Jahren in meinen Notizbüchern. Schließlich kam der Punkt, an dem ich die ekelhafte
Objekthaftigkeit nicht mehr aushielt.

Ihr Buch ist, was Reich-Ranicki betrifft, kein fotografischer Realismus.
Auch kein bewußt gesuchter Skandal?

Natürlich nicht. Ich habe als Schriftsteller keine Position außerhalb des Materials. Es geht um meine sehr persönliche Motivpflege, ich greife also nicht bewußt jemanden an, um einen Skandal zu inszenieren. So souverän bin ich nicht. Und so eine Methode wäre ja schon unangenehme Zugehörigkeit zur Meinungspresse, zur Zeitgeistverwaltung, also zur praxislosesten aller Kirchen. Schauen Sie, dieses Zugehörigkeitsgefühl muß sich doch heute geradezu herausreißen, wer keinen Schaden an sich selbst nehmen will. Ich kann ja auch nicht aus Zugehörigkeit zu einem Lagerevangelium schreiben, etwa einen sozialistischen oder katholischen Roman. Alle Ausgänge sind ungewiß.

Also ist ein Roman Ausdruck von Machtlosigkeit?

Schreiben ist ein verbaler Versuch, sich selbst, in seiner mehrfachen Beschädigung, irgendwie zu retten. Man will, schreibend oder lesend, den Dingen eine Qualität geben, die sie in Wirklichkeit nicht haben. Man schreibt sich weg, so wie man sich weg liest.

Den miesen Unzumutbarkeiten des Tages etwas entgegensetzen?

Ja. Das ist die Aufgabe. Ich sagte ja, ich bin kein freier Mensch, ich mußte immer tasten, bin gefesselt an Satzungen und Setzungen. Ich bin unfähig zur Weltveränderung, handele demnach nicht als Herr der Lage, in die ich jeweils komme. Also schreibe ich auch nur aus meinen Abhängigkeiten heraus.

Warum obsiegen als Reaktion auf Ihre Zeitgeschichtsgedanken oft nur Schlagworte wie Moralkeule, Wegschauen, Schlußstrich – obwohl man doch einfach nur genau lesen muß? Schon 1979 führte ein Text zum fast geflügelten Wort: „Auschwitz und kein Ende". Man könnte jetzt zitieren und zitieren und stieße auf Sätze zur deutschen Vergangenheit, die vorwegnehmen, was fast zwanzig Jahre danach – Paulskirchen-Rede 1998 – verwerflich sein soll: „Ich möchte lieber wegschauen von diesen Bildern. Ich muß mich zwingen hinzuschauen. Und ich weiß, wie ich mich zwingen muß. Wenn ich mich eine Zeitlang nicht gezwungen habe hinzuschauen, merke ich, wie ich verwildere. Und wenn ich mich zwinge hinzuschauen, merke ich, daß ich es um meiner Zurechnungsfähigkeit willen tue."

Es ist nur mit dem Hang zum Auftrumpfen-Müssen zu erklären. Es sind die Lockrufe des Richteramtes. Ich frage mich auch, warum schrillt bei einem solchen Schreiber nicht die Alarmsirene, wenn er zum Beispiel, wie jüngst in der „Zeit", öffentlich macht, Walser habe ja vor seiner Rede in der Paulskirche bereits mit einem Vortrag in Zürich – gemeint ist mein Text „Ich vertraue. Querfeldein" – ein „Bekennerschreiben" geliefert. Bekennerschreiben! Derart Kontextbehaftetes darf einem, der im Wörtergewerbe arbeitet, doch nicht passieren. Aber so etwas passiert ja auch nicht einfach nur. So wird man nach der Aussortierung zu den geistigen Brandstiftern nun in einem Kirchensturm der Dummheit auch noch unter die Mörder gereiht. Ich beobachte da einen Verdächtigungsrausch, der viel über Deutschland erzählt. Noch einmal, weil damit unser Gespräch begann: Dagegen ist Natur wenig tröstlich.

In einer Ehrendoktorrede in München verstieg sich Reich-Ranicki im Zusammenhang mit Ihrem Erinnerungsroman „Ein springender Brunnen" zu der Anmerkung, Sie hätten darin keine Schlußfolgerungen aus einer nationalsozialistischen Kindheit gezogen. Es geht um einen Roman, der Erinnerung vor den Angriffen der Gegenwart rettet. Da steht: „Jetzt sagen wir, daß es so und so gewesen sei, obwohl wir damals, als es war, nichts von dem wußten, was wir jetzt sagen." Reich-Ranicki läßt mich an jene Deutungsherrschende denken, die den Ostdeutschen erklären wollen, wie sie gefälligst gelebt haben sollen. Verstehen Sie diese Assoziation?

Natürlich, und daraus entsteht beim Angegriffenen immer ein Rechtfertigungsbedürfnis: Es soll ja schließlich nicht alles falsch gewesen sein, was man gelebt hat. Erinnerung läßt sich nicht erziehen. Die Erinnerung irgendwelchen intellektuellen Umschaltforderungen zu unterwerfen – das ist das, was ich Lippengebet nenne. Eine Gesellschaft darf solche Selbstverleugnung, und sei es aus triftigsten und ehrbarsten Gründen, nicht verlangen. Der Erinnerung kann man keine Befehle geben, dem

Gewissen auch nicht. Man errötet ja auch nicht auf Befehl, und seien die Schuldgefühle noch so groß. Wer so behandelt wird, der wehrt sich. Geschichte, sagt Nietzsche, sei ohnehin eine Fiktion. Es war nie so, wie man später darüber denkt.

Sie sagen, so wie die Ratio nicht unbedingt als eine unserer verläßlichsten Ausstattungen anzusehen sei, so fehle Ihnen auch der Glaube an ethisch Vorschreibbares.

Ich kann mich irgendwelchen Erwünschtheitssuperlativen nicht mehr hingeben. Wenn ich etwa das Wort Weltethik höre, dann wird mir, nach all unseren westeuropäischen Erfahrungen, schwindlig. Ja, allen Menschen helfen, die in Not sind, ihnen unser Brot schicken, unser Wasser, unser Geld – unbedingt. Aber nicht unsere Auffassung von Gesellschaft. Brot wäre Zuwendung, Ideenexport wäre Mißhandlung. Wasser wäre Hilfe, Ethik wäre Herrschaft. So was äußert man und gilt dann bei den Platzanweisern der Moral als diffamierungswürdig.

Platzanweisung – das meint auch die Begriffe links und rechts?

Ja, oder Optimismus und Pessimismus, diese Wörter, an denen entlang sich doch nichts, aber auch gar nichts an Dasein abbildet. Diese Wörter spricht man aus und putzt sich danach am liebsten schnell die Zähne. Ein Text, den man nach politisch links oder rechts einordnen kann, mit dem stimmt etwas nicht. Der tut mir kund, ich hätte gefälligst etwas zu lernen.

Da sind wir bei Ihrer Aversion gegen adressierte, politische Sprache.

Es gibt dieses sogenannte Engagement, jeweils durch zeitgenössische Politik hervorgerufen, und andererseits die schriftstellerische Linie, die mir natürlich näher und lieber ist. Im Proviziertsein durch Zeitgeschichte habe ich mich auch als Schriftsteller gelegentlich verloren.

Verloren heißt?

Wenn du Sprache von anderen übernimmst, aber so tust, als sei es deine Sprache. In einer Rede von mir kam vor Jahren vor, der Grundwiderspruch zwischen Kapital und Arbeit sei noch immer ungelöst. Wenn ich solche Formulierungen benutze, ist das ein Import jenseits meiner Erfahrenheit. Nun ist man zwar auch dann ein Hochstapler, wenn man einen Essay schreibt, aber man ist in solchem Falle ein schöpferischer Hochstapler, man will über sich selbst hinaus. Rutsche ich als Schriftsteller in die politische Sprache ab, bleibe ich hinter mir zurück. Ich habe früh gemerkt, ich bin kein politischer Autor. Je blank politischer sich ein Autor gibt, desto angestrengter wirkt er auf mich. Ich wirke dann besonders angestrengt auf mich. In einer Hölderlin-Rede 1970 habe ich meine Lizenz zum Beispiel überschritten, indem ich Verszeilen auf DDR und BRD gemünzt habe. Ich wollte beide Staaten in einer Hölderlin-Utopie zusammenbringen. Das ist Mystagogie, das stimmt nicht, das hat nie gestimmt.

1970. Sie haben sich das gemerkt.

Ja, weil es mir peinlich ist. Sätze, in denen ich nicht vorkomme, sind mir entsetzlich peinlich.

Könnte das nicht darin enden, daß man sich aus allem heraushält?

Das Mediengewerbe fordert Statements. Auch ich gab dem oft genug nach, aber ich fühle mich nicht wohl in Sätzen, die Recht haben wollen und für die ich Sprache herbeikommandiere. Kollegen, die sich jeweils als Außen- oder Innenminister betätigen und „Chefetagen des Hochkapitalismus" oder anderes Vokabular verwenden, habe ich nie ganz verstanden. Aber wer in solcher Sprache drinbleiben kann, der soll es tun, meine Sache ist der Aufklärungsdienst nicht. Ich kann zum Beispiel öffentlich nur für einen Krieg sein, wenn ich selber bereit wäre, auf einen Knopf für die Bomben zu drücken. Andererseits kann ich in radikaler öffentlicher Rede nur gegen ein System sein, wenn ich dieses „Gegen" auch radikal und entschieden lebe und alles Nutznießen aus dem System ablehne. An dem Punkt wird es für mich aber sehr, sehr schwierig. Wunschdenken, das sich in den Ton einer Forderung kleidet – dazu fehlt mir inzwischen der Mut. Ich habe es früh gemerkt, aber nicht schnell genug die Konsequenzen gezogen.

Sie schrieben auch mal, Offenheit zu einer demokratischen Tugend der Gesellschaft zu machen, sei nicht gelungen. Der Satz stimmt doch aber, gerade heute.

So? Auch der besagte Satz tut so, als könne man an einem bestimmten Punkt ein Ergebnis feststellen. Aber wer bin denn ich, daß ich mir Bilanz anmaße? Immerzu reagieren Menschen sprachlich auf Geschichtliches, in das sie verstrickt sind – aber was folgt jenem Status, für den ich eben ein festes Urteil fällte? Ist das ein Endpunkt? Ich lebe als Schriftsteller nicht im Wichtigkeitszustand. Ich bin eher ein Hallraum für entgegenkommende, kein Raum für hinausposaunende Klänge. Daraus entstehen Fragen, und es entstehen daraus in mir immer mehr Vorsichtigkeiten. Ich werde mit nichts fertig. Allein so ein strapaziertes Wort wie Moral für den jetzigen historischen Moment sprachlich eindeutig zu realisieren – ich könnte es nicht. Ich habe dazu Anlieferungen aus der Geschichte, aber es bleibt abenteuerlich, sich damit zu beschäftigen. Nur wer sich aus dem Abenteuer herausnimmt, kann fraglose Urteile fällen.

Was wäre denn Ihr sprachliches Ideal?

Ein Satz, der von sich aus an ein Ende kommt, ohne einen Satz, der ihm sinnunterstützend vorausgehen und sinnbestätigend folgen muß. Mein Ideal: absolute Tendenzlosigkeit.

Und im Politischen?

Daß einer nicht Sprachfronten errichtet gegen andere, sondern mittels Sprache Einblick in das gewährt, was sich in ihm als einander Widersprechendes herausbildet. Opposition müßte zuallererst darin bestehen, daß man sich selber, denkend, ins Wort fällt. Menschen miteinander im Selbstgespräch.

Heiner Müller meinte, eines Tages stünde die Geschichte nachts in unseren Schlafzimmern – und sie wird ein Messer in der Hand haben.

Auf solche Gemachtheit reagiere ich, entschuldigen Sie – mit Natürlichkeit. Und die geht lebensinteressierter heran. Die gesellschaftspolitische Unlösbarkeit einer jeweiligen politischen Situation war und bleibt immer. Wer glaubt, ausgerechnet wir lebten in besonders bösen Zeiten, der irrt. An welchem Punkt der Erde weiß man etwas für das Ganze? Aber wer dieses Wissen für sich proklamiert, der soll seine Sprachmasken ruhig aufmarschieren lassen. Immer mehr apokalyptische Literatur um mich her – im Untergang so emsig? Es stimmt doch was nicht an solch seriell hingesagtem Ladenschluß. Wenn ich so was lesen muß, denke ich: Aha, Ideologie. Meine Sprachhaltung ist ein Realismus, der die Gemenge-Lage intimisiert, damit sie mich angeht. Ich muß, um mich zurechtzufinden, Größe zergliedern. Ich kann keine Fresken malen.

Es heißt allenthalben, böse Zeiten kämen – aber Sie vertrauen?

Zukunft als Angstvorstellung, das liegt mir überhaupt nicht. Ich würde gern wissen, wie in fünftausend Jahren gesprochen wird in Europa. Keine der jetzigen Sprachen wird mehr existieren, viele werden nicht mal archäologisch archiviert sein. Aber es gelingt mir nicht, mir das düster vorzustellen. Ich habe schon oft Alarmierendes gelesen, durchaus Seriöses, und dann habe ich gedacht, Donnerwetter, du bist offenbar doch zu leichtfertig in deiner Zeitgenossenschaftsempfindung. Wenn all das Erschreckende wahr ist, was du da über den Gang der großen Dinge liest und von dem du keine Kenntnis nimmst, dann bist du geradezu selbstgefährdend nichtpanisch. Aber das eine ist das Wissen, das einer erwirbt, das andere das Wesen, das einer hat. Das eine ist die Erkenntnis, die man benutzen kann, das andere die Existenz, der man ausgeliefert ist. Ja, ich vertraue. Freundlichen Einbildungen bin ich mehr gewogen als unfreundlichen.

Warum?

Ich kann nicht außer acht lassen, daß ich trotz schlimmer Nachrichten, die täglich auch in mir einschlagen, am Leben interessiert bin. Aber wenn ich zu leben versuche, ist das – am jeweiligen Tag jedenfalls – für mich schon eine Antwort aufs vermeintlich Apokalyptische. Ich kann mich nicht in die höhere Warte hinaufschwingen, die von meinem kleinen bürgerlichen Versuch, heute am Leben zu bleiben, absieht. Kulturkritiker zum Beispiel, die auch das Lesen im allgemeinen Untergang verschwinden sehen, interessieren mich einfach nicht. Ich brauche jeden Abend was zum Lesen, und ich finde es reichlich. Wenn andere nichts finden, ist das deren Leid. Im Übrigen tendiere ich zur Komödie, das ist meine Aufhebung. Es ist fast nichts erlebbar, ohne daß es seine Komik mitliefert.

Kleiner Bürger ... Auch ein Schmähwort gegen Sie: Kleinbürger.

Der Haß der richterlichen Linken auf den Kleinbürger ist dumm. Diese Leute tun nichts unter höchstem Bewußtsein. Ihre Nähe zur Offenbarung schreckt ab.

Warum ist der Kleinbürger ein so Geschmähter der Geschichte?

Aufstieg ist eine natürliche Tendenz jedes Gesellschaftsmitglieds. Aber von der Schule an kommt der Mensch in ein Konkurrenzgemenge, und quasi ganz von selber merkt er, daß er seine Möglichkeiten verfechten muß. Schauen Sie, als Goethe vom Großherzog nach Weimar eingeladen wurde, da erfuhr er alles, was man als empfindsames Wesen erfahren kann. Weimar als Aufstiegsgelände eines Bürgers, und der Weg führte – in den Adel. Und für den Kleinbürger – was war für den möglich? Das Bürgertum. Es hat sich kräftig von Fleiß und Schweiß der tüchtigsten Kleinbürger ernährt. Weniger Abhängigkeit, mehr Macht – dieser Einladung ins Höhere mußte man doch folgen, wenn man das Leben bestmöglich ausbeuten wollte. Aber die Zurückgebliebenen standen da ohne jeden kulturellen Ruf. – Nehmen Sie den größten Gesellschaftsspezialisten der deutschen Belletristik, Jean Paul: Was er im Roman „Hesperus" über Aufstieg, Ehrgeiz und Maske schrieb, wie der Kleinbürger am Hof ironisch werden muß, um seine Demütigung zu kompensieren – das ist akut bis heute. Solche Sätze schreibt Jean Paul über Kleinbürgers Aufstiegsversuch: In jeden Freudenbecher falle ihm der bittere Wermutstropfen, daß er sie, diese Freude, gar nicht verdient habe; von einer Bitterstimmung ist da die Rede, wie sie anderen Söhnen von ihren Hofmeistern abgenommen werde. Das 19. Jahrhundert ist ein Paradegelände für diesen Aufstieg ins Adlige und Bürgerliche, aber der Klasse, die da verlassen wurde, ist das nie gedankt worden. Vor lauter Unselbständigkeit und Zerknirschtheit kam sie nie zu einem lohnenden Erlebnis von Gegenwart.

Brauchten Sie je eine Utopie?

Nein, das interessiert mich nicht. Ich lasse mich lieber von Erfahrungen leiten als von Zielen. Das Gehabte ist eine bessere Leitplanke als das Gewollte. Die schöne Glocke der Utopie hörte ich nur einmal, bei Ernst Bloch, im ersten Band vom „Prinzip Hoffnung". Dieser Ton hat mich verführt, er war anschließbar an den Kindheits-Kirchenton. Ein Religionston.

Aber kein Denkton.

Nein, kein Denkton. Aus der Ferne beobachtet und etwas schnöde gesagt, ist ja auch einer wie Bloch den fast christlichen Weg gegangen. Der Glockenton wurde kleinmütiger, kirchlicher. Das entspricht einem Klischee aus der Geistesgeschichte meiner Rezeptionslandschaft: Werden die Kerle älter, werden sie frömmer, weil dann zur Kasse gebeten wird. Die Theologie wartet auf solche einlenkenden Maßnahmen, sich selber abzumildern. Und das Publikum vielleicht auch. Daß unser Leben mit dem Tod aufhört, das kann ja wahrlich nicht als etwas bezeichnet werden, das gut ausgeht – vor dem Hintergrund versagt irgendwann jeder utopische Schwarm.

Herr Walser, gibt es für Sie Glück?

Manche Worte gibt es nur, weil die Sache selber nicht existiert. Ich kann nur über Glück reden, wenn ich über die Gleichzeitigkeit von Unglück rede. Ein Mensch, der nicht beides in einem ist, dem kann ich schwer glauben.

Herbert Fritsch
Genau das tun, was man nicht kann

Herbert Fritsch, man hat Sie als Schauspieler Castorfs "Volksbühnen-Punk" genannt. Das "Ein-Mann-Kettensägenmassaker". Der im Stadttheater immer Schwierigkeiten hatte wegen seines darstellerischen Extremismus, ja, Exhibitionismus. Der auch deshalb, gewissermaßen aus der Not heraus, in andere Medien auswich, in die Fotografie, den Film, die Solo-Performance. In einem ihrer Filme ertrinkt ein Mann in der eigenen Suppe. Sie waren in der "Sache Danton" bei Castorf ein erschütternder Robespierre.

Der Mann fasziniert mich total. Er ist eine Mischung aus Tugend und Fanatismus. Wie jemand in so was reinkommt, ohne es abzusehen. Ein Mann, der stundenlang politische Reden langweiligster Art hält, wird mächtiger und mächtiger. Wie kommt so was? Hält große Reden gegen die Todesstrafe und kommt selber unter die Guillotine. Bei der Verhaftung hatten sie ihm das Kinn weggeschossen; da liegt er nun blutend, Kinn weg, morgen wird's der ganze Kopf sein. Wie er aufs Schafott kommt, löst sich der Verband, der Henker muß erst das Kinn wieder befestigen. Ein konsequent gelebtes Leben, ein gar nicht gelebtes Leben, grausam. Das Bild hat mich lange verfolgt.

Wenn Fritsch spielt, provoziert er regelmäßig mit Egozentrik, mit provozierendem "Größenwahn" eines Ich-Produzenten, der vor allem sein eigener Regisseur und Autor ist. In Hamburg spielten Sie unter der Regie von Franz Xaver Kroetz einen Woyzeck, der zum Skandal wurde.

Ich gab dem Woyzeck keine Chance. Ich war ganz Untergeher. Ich hab gesagt, ich gehe da jetzt in eine Depression rein – und wenn mich die Leute reihenweise auslachen! Ich will die arme Sau sein! Das hat mir Hamburg übelgenommen.

Die arme Sau sein?

Es geht um die Momente, wo sich Leben und Theater ganz kurz berühren.

Und wo also auch Herbert Fritsch spielend zugibt, im Leben eine arme Sau zu sein?

Ja. Ich bin kein selbstbestimmter Mensch. Ich verfüge zum Beispiel nicht frei über meine Sexualität. Ein wirklich selbstbestimmter Mensch wäre eine einzige Abspaltung von der Gesellschaft, eine absolute Ausfälligkeit. Das muß einer erst mal leben und durchhalten!

Es gibt diese Menschen.

Ich bin es nur ab und zu auf der Bühne. Ansonsten kann ich mir keineswegs die freche Lüge erlauben, ich sei frei und souverän. Ich bin ein durch und durch manipulierter Mensch, bis heute. Das ist schon ein Grund für tiefste Verzweiflung. Die möchte ich wenigstens auf der Bühne zu einer körperlichen Konsequenz bringen, die ich mir im Leben nicht traue. Nach der Vorstellung ziehe ich mich um und gehe wieder brav die Straße lang.

Spielen Sie mitunter aus Haß gegen das Publikum?

Nein. Es ist eher umgekehrt, das Publikum haßt oft mich. Darunter leide ich. Castorf hat mal zu mir gesagt, Herbert, du verbrauchst den meisten Haß. Das hat mich tief getroffen. Ich kann sehr gleichgültig sein und in Eiseskälte auf der Bühne was durchziehen. Aber die Momente davor und danach sind unerträglich. Daß ich's trotzdem durchziehe, der Moment, in dem ich es tue – das ist der Überlebenskampf. Auf der Bühne wird mir meine Einsamkeit gewahr. Und genau das will ich.

Sind Sie wirklich einsam auf der Bühne?

Ja. Theater ist Vergänglichkeit, Anzweiflung der Existenz; es ist Bestätigung, daß alles vorübergeht – auch wenn sich um einen herum die Kollegen tummeln. Jean Genet hat gesagt, erst wenn man spüre, daß neben den Leuten auf der Bühne auch immer der Tod stehe, sei Theater lebendig.

Überlebenskampf – das ist auch ein ziemlich großes Wort.

Nein. Überleben im Sinne von: sich spüren, sich bemerkbar machen. Das ist schwer in einer Zeit, in der alle so gut drauf sind. Super! Alle sind auf dem Weg nach oben. Super! Man steigt hinauf, parallel zu den Aktienkursen. Das sind die neuen Kletterabenteuer. Super! Welches Telefonat endet nicht mit der Versicherung: Alles klar!!! Nur wer Erfolg hat, hat recht. Das ängstigt. In dem Satz „Eine Aktie kann tausend Prozent steigen, aber nur hundert Prozent fallen" haben Sie die ganze blödsinnige Lottomentalität.

Haben Sie Angst vor der Welt, in der wir leben?

Ja. Denn wir leben in einer Welt der Geschmacksverstärker, und wir sollen denken, indem wir uns die reinziehen, das wäre bereits das Leben. Diese Welt zwingt mich ständig, mich in Beziehung zu Michael Schumacher oder Bruce Willis zu setzen, während ich viel eher darüber nachdenken müßte, daß Millionen in die Verelendung rutschen. Schon werden Gentests in Verbindung mit Versicherungsgesellschaften genannt, es ist in der Frage des Kostenfaktors Mensch nicht mehr weit bis zum unverhohlenen Faschismus, wir werden uns alle noch wundern. Selbst die Pest, in anderer Gestalt, kann wieder über uns kommen. Wir sind gegen vieles geschützt, gegen vieles nicht. Auch nicht gegen unsere Einsamkeit. Die Unterhaltungsindustrie ist kein erfolgreicher Krieg gegen die Einsamkeit, ihre Geschütze vergrößern die Einsamkeit sogar.

Was nicht zugelassen wird, ist Schmerz?

Schmerz zersetzt Oberfläche und macht sensibel. Sensibilität aber stört Geschäftsabläufe. Politik ist nur noch eine Rechenaufgabe, ein kalkuliertes Spiel um Wirkungen. Aus dem Blickwinkel der Politik bleibt der Mensch die Größe, die berechnet, ausgerechnet werden soll. Wähler sind Objekte. Aber wo ist die Geste, die plötzlich herausschießt, die eine andere, überraschende Bewegung initiiert? Diese verwirrende Möglichkeit des Menschen ist Gegenstand der Kunst. Der auf diese Weise wahrhaftige Einzelne ist aber das Schreckgespenst aller Politik, die nämlich nur Mehrheiten zusammenschieben will. In welchen Verhältnissen leben wir denn? Hat einer endlich zu sich selbst gefunden, kommen Gutmeinende und flehen: Bitte, komm doch endlich wieder zu dir!

Herr Fritsch, es gibt Beschreibungen von Ihnen, die lassen früh auf eine Ausbruchs-Biographie schließen. Fast lupenrein klischeehaft: der Junge, der in der Schule der einzige war, der Wollhosen und Strapse mit braunen Strümpfen anhatte, auch aus Wolle.

Ja, total. Ich bin zudem katholisch erzogen worden, im tiefsten Bayern. Wer mich früh erkannt hat, war meine Großmutter, die sagte: Den Buam hat der Deifi!

Kindheit und Jugend – woran denken Sie spontan?

Ich komme aus einer Familie, in der es klipp und klar hieß: Wir waren, sind und bleiben Arbeiter, du wirst es auch, wenn nicht, dann bist du in unserem Hause falsch. In einer Aufzugfirma machte ich eine Elektromechanikerlehre. Die Lehre erlebte ich als reine Ausbeutung, und weil ich mich wehrte, steckten die mich in den Stahlbau: Entgraten! Wenn Sie wissen, was ich meine. Ich habe dann den ersten Lehrlingsstreik Deutschlands organisiert und wurde von der Gewerkschaft verwarnt. Als ich merkte, daß die Solidarität unter uns Lehrlingen nicht lange anhielt, entschied ich mich, bitter enttäuscht, alle zu Arschlöchern zu erklären. Von einem Tag auf den anderen haute ich ab.

Sie wollten Schriftsteller werden.

Ich wollte Schriftsteller werden, ja, bin also von zu Hause weg –

ab ins Unbehauste! Da war ich fast schon achtzehn, in der Armeetasche das „Kapital" von Marx, den „Steppenwolf" von Hesse und ein dickes Buch zum Reinschreiben. Ich habe aber frühzeitig alles weggeschmissen. Gut so. Die großen Verbrecher waren damals meine Vorbilder. Ich wollte den gefährlichen Lebensweg gehen. Ganz pathetisch. Rebellion hieß, kriminell zu sein. Auch auf der Bühne bin ich eher der Ganove, der das Publikum betrügt, als der Moralist.

Als Sie vorhin sagten, Sie seien kein selbstbestimmter Mensch – und ich denke, Sie haben recht: Wer kann das ungebrochen von sich behaupten! –, schloß das auch jugendliche Suche nach dem politischen Standort ein?

Drogen, Hippie undsoweiter ... ich bin auf allen Wellen mitgeschwommen, auch politisch, na klar. Ganz links war man, mit schönem grünem Parka, rotem Stern auf der Che Guevara-Mütze und vielen Büchern unterm Arm. Che Guevara-Mütze war schon stark, aber noch den Stern vorn dran – das war überhaupt das Revolutionärste.

Was denken Sie über die Achtundsechziger?

Die haben auf der einen Seite das bundesrepublikanische Leben repolitisiert, aber diese Romantik hat auch wieder den großen emotionalen Ton hereingebracht, der immer Ideologie und Gnadenlosigkeit gegenüber Andersdenkenden im Schlepptau hat. Das hat viel Schaden angerichtet.

In einem Interview sagten Sie, Schauspielerei ungern als Beruf zu bezeichnen. Was heißt das?

In einem landläufigen Beruf wird man im Lauf der Zeit besser, sicherer, perfekter, wissender. Beim Spiel komme ich verstärkt an Punkte, wo ich immer weniger verstehe. Es gibt Tage, da bin ich mir ein Fluch, und andere Tage, da ist alles Segen. Der Philosoph Émile Cioran spricht vom Nebeneinander von geistiger Trockenheit und Ekstase. So empfinde ich das.

Man hat das Verhältnis zwischen beiden Dingen nicht im Griff, man kann nichts steuern?

Wenn die Ekstase ausbleibt, muß ich die Leere aushalten. Ich bin auf der Bühne kein Hersteller. Duke Ellington hat es gesagt: It ain't nothing, if it ain't got that swing. Der Swing muß kommen, sonst kommt gar nichts. Und auf Befehl kommt der nicht.

Abhauen, Schriftsteller werden wollen, alles verbrennen – leben Sie noch immer in der Gefahr, aus bestimmten Erkenntnissen heraus extrem zu reagieren und von heute auf morgen was anderes zu machen?

Total. Kürzlich zum Beispiel hatte ich 25jähriges Bühnenjubiläum. Das sind auch 25 Jahre Barmer Ersatzkasse – das waren die einzigen, die gratulierten. Da kann man doch glatt alles hinschmeißen! Habe ich übrigens schon des öfteren getan. Die letzten vier, fünf Jahre saß ich regelrecht süchtig am Computer, arbeitete auch eine Weile als Web-Designer. Als er gefragt wurde, warum er denn in Bayreuth Oper inszeniere, sagte Heiner Müller: Man muß tun, was man nicht kann. Diese Art Gier habe ich auch.

Sie haben ja sogar eine Zerrbild-Kamera erfunden und sich die patentieren lassen. Und Sie drehten auch Filme. Zitat Herbert Fritsch: „Ich finde die deutsche Filmszene arschlos."

Ja. Aber wenn du was kritisierst, heißt es sofort: Du bist ja nur neidisch, weil du nicht dabei bist. Film in Deutschland ist nicht subversiv, sondern bloß konform. Auf Parties der Branche redet jeder nur über Geld, Lizenzen, US-Markt und die Börse. Keiner flüstert erregt: Du, ich muß unbedingt die und die Geschichte erzählen. Das ist doch furchtbar.

Sie erwähnten eben Émile Cioran, den man einen „der kühnsten und heftigsten Belastungszeugen im endlosen Prozeß zwischen den Menschen und der Welt" genannt hat. Ich weiß: einer ihrer Lieblingsautoren.

Er geht unverlogen mit der größten Freiheit des Menschen um: sich umzubringen. Er redet dauernd davon – um es nicht zu tun. Das ist eine Lösung.

Der therapeutische Aufschub, das Sprachgitter über dem Abgrund. Wer die Welt so leidenschaftlich gehaßt hat, der muß unendlich an ihr gehangen haben.

Wer Optimismus vermeidet, leistet Großartiges: Er erreicht, daß sich im Leben jenes Unglück in Grenzen hält, das oft erst durch blinden Optimismus ausgelöst wird.

Ist das alles nicht zu kokett angesichts der Tatsache, daß Sie junger Familienvater sind? Vaterschaft ist Optimismus!

Zum Glück bleiben Denken und Handeln immer Gegner, das ist das Interessante am Leben. Ja, ich habe einen kleinen Sohn. Das tröstet und hilft auf. Gleichzeitig nimmt man die Grausamkeiten der Welt um so mehr wahr. Man fühlt sich ungeschützter und sieht, daß man diesem kleinen Menschen irgendwann nicht mehr wirklich helfen kann, das wiederum nimmt einem allen Trost. Alle Gründe, aus dem Fenster zu springen, bilden den Grund, warum man es nicht tut und es nicht tun darf.

Theater, gerade auch die Volksbühne, lebt vom Blick aus der Verlierer-Perspektive. Wahre Künstler (und das schließt die größten Komiker ein) sind wesentlich Tragiker. Und Frank Castorf stellt die immer größere Diskrepanz fest zwischen den Menschen, die ihn interessieren, und denen, die ins Theater gehen. Verlierer und Opfer gehen nicht ins Theater.

Da habe ich meine ganz eigene These: Verlierer müssen nicht ins Theater gehen. Die sind unten. Wer unten ist, begreift. „Traurig ist Wandel nur vom Glückszustand; vom Elend geht's nur froher." Sagt Edgar im „Lear". Für den Sieger ist ein kleiner Schritt kein großes Ereignis. Das Geringe zu schätzen, muß er erst lernen, denn es ist die Zukunft. Deshalb muß er ins Theater gehen. Es geht um Lernen durch Läuterung. Ein Verlierer hat ein ausgefülltes Leben, er braucht kein Theater. Das Leben des Siegers aber ist leer. Weil er Sieger sein will, hat er Angst vorm eigentlichen Leben, vor Schmutz, vor Verbrauch, letztlich vorm Tod. Ich meine das alles nicht moralisch, sondern im Hinblick auf die Erkenntnis dessen, was wesentlich ist in der menschlichen Existenz.

Der souveräne Mensch im Werk zum Beispiel Ciorans hat nichts mit Hegels Knecht gemeinsam, der sich in einem Kampf auf Leben und Tod zum Herrn „emanzipiert".

Das zugängliche reine Glück liegt im Augenblick, und Cioran hat gesagt, nur der Augenblick, den du lebst, sei „unendlich und unheilbar". Deshalb bewunderte er zeitlebens den Clochard, der nie arbeitet, um sich derartige Augenblicke „leisten" zu können.

Wann waren Sie in Ihrem Leben am mutigsten?

Am mutigsten war ich, als ich von daheim abhaute. Diese Höchstform an Mut habe ich nie wieder erreicht. Wahrscheinlich war ich am feigsten, als ich Schauspieler wurde: Ich habe Verantwortung abgegeben, ich werde besetzt, ich werde in eine Konzeption eingeordnet, mit mir wird Regie geführt. Jahrelang habe ich mit meinem wenigen Theatergeld Filme gemacht, die keiner gesehen hat. Der Markt hat sich gegen mich ausgesprochen, aber ich habe das womöglich trotzdem zu früh aufgegeben.

Nun ist es zu spät?

Nein. Vielleicht hole ich mir ja meine Verantwortung wieder. Mal sehen, womit.

Michael Krüger
Ich wollte nie besser wissen

Michael Krüger, in der jüngsten Ausgabe der von Ihnen herausgegebenen Literaturzeitschrift „Akzente" zitieren Sie den Philosophen Hans Blumenberg: Ein Mensch lasse sich mehr und mehr durch das definieren, worauf er verzichten könne. Verzicht als Tugend. Ich frage nach der Not: Worauf müssen Sie leider verzichten?

Vor allem auf bestimmte Erfahrungen – die ich aber nur machen könnte, wenn ich nicht diese manische Bereitschaft hätte, alles für Bücher zu tun, die in unserem Verlag erscheinen sollen.

Welche Erfahrung fehlt Ihnen besonders?

Die des Flaneurs, der durch Ort- oder Landschaften streift und beobachtet, wie sich die Dinge wandeln.

Welcher Wandel hat Sie in jüngster Zeit besonders beeindruckt?

Der Wandel New Yorks, wohin ich seit Jahrzehnten regelmäßig fahre.

Das ist seit dem 11. September 2001 wirklich eine verwundete Stadt?

Ja. Amerika bedeutete bekanntlich: Eroberung von Neuland, Besetzung von Fläche – insofern schien New York nie eine Stadt der neuen Welt, sondern immer die letzte Hauptstadt Europas zu sein: Alle ethnologischen Elemente des Kontinents waren vorhanden, Ausdehnung aber war unmöglich. Geschichte jedoch spielte sich nicht im Stein ab, wie etwa in Rom, nein, in dieser Hinsicht blieb New York leer, ausdruckslos. Seine Kompaktheit ist die des Menschenstroms. Manhattan leert sich abends wie ein Körper. Aus allen Löchern fließt es heraus, und in der nächsten Frühe pumpt sich das Leben wieder zurück in die wartenden Adern – und zwar über ein paar Brücken und durch ein paar Tunnel. Was ist, wenn auch dort eine Bombe explodiert? Heute weiß jeder, der am Morgen Manhattan betritt, daß er in einer potentiellen Falle sitzt. New York war Ausdruck unserer Sehnsucht, eine große Maßlosigkeit sehr heiter genießen zu dürfen, es ist jetzt Ausdruck unserer Angst.

Es hat sich ein Riß aufgetan, durch den alle Probleme einer avancierten Gesellschaft fließen?

Ja. Manhattan ist trotz faszinierend hoher Energie der täglichen Selbsterfindung nun auch die offengelegte verwundbarste Stelle einer Ordnung, die über ihre Verhältnisse lebt, sich aber keinesfalls beschränken will.

Sich doch aber beschränken muß.

Ich denke, das zu lernen wird eine der großen Übungen der nächsten Jahrzehnte sein. Das entgrenzte Experimentieren ist zu Ende.

Peter Sloterdijk spricht davon, der Kapitalismus müsse Exzeß und Vorsicht neu miteinander ausgleichen. Überhaupt seien künftige Gesellschaften „Gesellschaften der Vorsicht oder sie sind gar keine mehr". Nun kommt Verzicht als ein gesellschaftliches Verhalten doch aber nicht auf politischen Beschluß zustande.

Nein, Verzichte werden in langen Zyklen vorbereitet und in langen Zyklen wirksam. Wahrnehmbar wird Verzicht zunächst, und zwar auf nicht absehbare Zeit, als allgemeiner Erosionsprozeß. Das macht ja alles so schwierig. Wir müssen Verzichtsphilosophien entwickeln, aber niemand ist wirklich darauf vorbereitet.

Wenn irgendwo gespart werden soll, geht ein Aufschrei durchs Land.

Das Luxurieren war unser Rausch. Jetzt kommt der Katzenjammer. Wie weh Beschränkung tut, sieht man am Bündnis für Arbeit, dessen Fiasko ich als Menetekel betrachte: Schon die

Diskussion über notwendige Beschränkungen allerseits scheitert, und das bereits im frühen Stadium. Partikularinteressen gehen übers Gemeinwohl.

Worin besteht das Luxurierende Ihres Lebens?

Ich habe nie richtig gelernt, meine Ansprüche zu formulieren, denn sie wurden immer erfüllt. Ich hatte stets eine wundervolle Arbeit. Über dreißig Jahre habe ich gleichsam wie ein Student gelebt, Kleidung und soziales Prestige waren nie mein Ding. In meinen Interessen wurde ich von unseren kulturellen Infrastrukturen enorm bedient. Ich bin aufgewachsen in kulturellem Reichtum. Die Frage ist: Können und wollen sich westliche Gesellschaften den auch in Zukunft leisten?

Sie sprachen vorhin von der Sehnsucht nach dem Flanieren. Die Gestalten Ihrer Prosa sind – auf einen etwas groben Nenner gebracht – Spaziergänger in ihrer eigenen Biographie. Jener Ordnung gehen sie aus dem Weg, die den berechenbaren Erfolg brächte. Ist das schon Widerstand?

Ja. Es ist eine Antwort auf die wachsende Abstraktheit unserer Lebensverhältnisse.

In der Rede zum Kulturellen Ehrenpreis der Stadt München vor zwei Jahren sagten Sie: „Ich habe den Eindruck, daß wir uns, ohne jeden spürbaren Kontrollwillen, in einem Mahlstrom befinden, der unsere widerständigen intellektuellen Kapazitäten abgeschliffen hat."

Das sehe ich nach wie vor so. Die gesicherten Bedingungen eines Existenzminimums mal vorausgesetzt, finde ich deshalb jenen imaginativen Akt interessant, der behauptet: Alles Geld ist im Grunde Dreck, und deshalb lohnt es sich, aus dem rundum herrschenden Nicht-Verzichts-Programm auszusteigen.

Aber noch im Ausstieg bleiben Ihre Helden Bürger.

Natürlich kann man sich für die Brennesselsuppe entscheiden, aber reizvoller ist doch der Unterscheidungsmut innerhalb des Gesellschaftskreises, in dem man sich befindet. Nur wenn man just dort eine eigene imaginative Leistung gegenüber dem bislang Unbefragten vollbringt, kann die Gesellschaft mählich in jenen nützlichen Selbstreflexionsprozeß übergehen, der uns so nottut.

Sie sprachen vorhin von den Partikularinteressen, die eine Gesellschaft der isolierten Regungen schufen. Damit ist auch der Literatur ihr Platz zugewiesen: „Am Rande, wo sonst", sagt Botho Strauß, und er sagt es wohl traurig.

Ich stimme dem zu, glaube aber, dieses Randständige wird all das geschäftig Politische, das die Zentren der Öffentlichkeit bildet, letztendlich überdauern. Wann und mit welcher Wirksamkeit – wer weiß. Auf Erinnerung beharren, Schichten des Gewesenen freilegen, für Augenblicke der Erleuchtung eine Begegnung mit den Herkünften herbeiführen – das bleibt die Aufgabe der Literatur.

Botho Strauß erinnert an einen Vers von Gunnar Ekelöf, in jedem Moment könne „der Schleier der Zeit" zerreißen, und man selber steht wieder vor dem nackten Beginn. Es gehe in der Literatur nicht so sehr um Bruch- oder Aufbruchparolen, sondern um Anbindungsstrategien: „Daß wir etwas älter sind als nur von heute, habe ich immer für selbstverständlich gehalten." Er nennt das einen „geistigen, ästhetischen Fundamentalismus": ans Transzendente, an den Gedankenreichtum anknüpfen, der über die Jahrhunderte hinweg etwa in der Theologie angesammelt wurde. Den aber unsere „kritische Spaßintelligenz" verabscheut.

Die Aufmerksamkeit für das Tiefere wird wieder zunehmen – so wie freilich das andere auch zunimmt: jene große Strategie, die das Vergessen zum Programm erhebt, und die auf Erinnerung verzichtet. Schriftkultur ist eine Kultur der Verlangsamung. Sie spricht gegen den fieberhaften Zeitgeist der Beschleunigung – die ja selber nur ein Stillstand ist, der sich mit trügerischen Schwingungen über sich selber hinwegtäuscht.

Es wäre albern zu meinen, diesen Zeitgeist bekämpfen zu können?

Ja. Aber es ist freilich unbedingt nötig, den so anderen Ort, der einem zukommt, zu behaupten. Das ist schon Kampf genug. Die Zeitungen zum Beispiel müssen ums Feuilleton kämpfen. Denn überall nisten sich die anästhetischen Gemüter ein, die keinen Sinn für das haben, was außerhalb der Information, der klarlinigen Parteinahme und des raschen Zeilen-Konsumierens liegt.

Wir leben in stark ausdifferenzierten Gesellschaften, die Diskurse werden immer spezieller. Es wächst wieder das Bedürfnis nach dem, was mit den großen Ideologien unterging: Gewißheit.

Menschen, die sich auf Kunst einlassen, sind da offener, sind durchlässiger für das Ungelöste, Verwirrende, Verunsichernde. Es ist einfach so: Wer Proust, Canetti oder Sebald liest, ist im Denken und Fühlen ein anderer Mensch als jener, der sich nur in gängigen Oberflächenstrukturen bewegt.

Menschen unterscheiden sich nicht nur sozial, sondern auch in ihren geistigen Welten.

Wer einmal im Monat in eine Gemäldegalerie geht, schaut Fotos in der Zeitung ganz anders an. Man stelle sich vor, ein Politiker würde im Bundestag seine Rede mit einem Gedicht beginnen – es entwickelte sich so ein kritisches Verhältnis zu dieser Sprachverhunzung des öffentlichen Redens. Politiker würden möglicherweise innehalten, wenn sie statt Sprache Vokabular benutzen, Worte, die nichts von dem mitteilen, der sie verwendet.

In besagter Rede in München erinnerten Sie daran, einst für Vietnam auf die Straße gegangen zu sein. „Wenn man als Bürger nicht gerade den Sieg des Proletariats vor Augen hatte, so gab es doch wenigstens die Idee eines liberalen Europas." Was hat Sie davon abgehalten, je marxistisch zu denken?

Die Tatsache, daß ich im Osten geboren wurde und dort eine Weile aufwuchs, hat mich auf eine natürliche Weise dagegen imprägniert. Ich komme aus einem liberal-rechten Elternhaus, das in hohem Maße tolerant war; indoktrinäre Meinungsbildung galt bei uns als kulturlos. Zudem habe ich als skeptischer, introvertierter Mensch früh eingesehen, daß wir das meiste, das wir in die Welt posaunen, doch nur dem Sand erzählen. Bei den Linken störte mich diese permanente Aufgeregtheit der ersten und zugleich letzten Wahrheit, diese Anmaßung, alles besser wissen zu dürfen. Darüber mußte ich oft schmunzeln. Ich habe nie besser gewußt. Ich hatte nie den Halt einer politischen Gemeinschaft nötig, sie störte mich beim Bedenken der Dinge. Denn ehe ich mit Nachdenken fertig war, hatten die Linken ihre Ansichten schon in unumstößliche Grundsätze und Gesetzmäßigkeiten gemeißelt. Trotzdem war die Versuchung, bei der Parteiung der Besserwissenden mitzutun, natürlich groß, denn dort stand der Großteil meiner Freunde.

Stand oder steht?

Einige von ihnen sind inzwischen Mitglieder der CSU, die besten Besserwisser aber sind Unternehmensberater. Das ist logisch, denn wer auf die Entwicklung der Welt eine gültige Antwort weiß, der hat sie auch für eine Sache, die doch weit wichtiger ist als die Welt: bei der Entwicklung einer Firma.

Herr Krüger, Schauspieler wachen nachts schweißgebadet auf, weil sie träumten, plötzlich ohne Textgedächtnis auf einer Bühne zu stehen. Welches ist Ihr Albtraum?

Ich sitze in der Straßenbahn, und unter hundert Fahrgästen sind achtzig, denen ich ihre Manuskripte zurückschickte. Einer holt ein Messer heraus und bringt mich um.

Sie entscheiden als Verleger über Schicksale.

Früher habe ich solche Schicksale verfolgt, die ja etwas Tragisches besitzen. Ich habe einigen sogar angeboten, sich noch einmal an mich zu wenden, wenn alle anderen Versuche einer Veröffentlichung gescheitert seien. An einen Einsender erinnere ich mich, er ist kürzlich gestorben, der hatte ein Friedenspamphlet verfaßt – 45 Jahre lang suchte er einen Verlag; ein Kriegsheimkehrer, aufgewühlt von dem Thema. Mit der Zeit stapelten sich bei ihm die Ermutigungsschreiben, er holte sich Zuspruch sogar bei Einstein – aber der Text ist nie gedruckt worden.

Was erzählt Ihnen dieser im Grunde unglückliche Mensch?

Daß wir noch immer in einer schriftgläubigen Gesellschaft leben. Die Rationalisierung der Probleme findet nach wie vor im Gedruckten statt, trotz unendlich vieler sozialpsychologischer Angebote, trotz aller Sport- und Freßbewegungen. Man meint doch, dies viele müsse genügen, damit sich jeder plazieren kann, aber nein, es bleibt eine seelische Leerstelle, die man zuschreibt.

Woraus speist sich Ihr Lebensmut?

Ich komme aus Sachsen. Meine Großmutter brachte mir mit Matthias Claudius bei, nur der Pessimismus ermögliche, halbwegs gut und unbeschadet durchs Leben zu kommen. Man ist nur eine kleine Weile auf der Welt und sollte diese Zeit möglichst so verbringen, daß man sich dafür nicht schämen muß. Im übrigen habe ich gar nicht so viel Lebensmut, sondern nur eine gewisse Veranlagung, immer mit dem Schlimmen zu rechnen und dann freudig zu staunen, daß es in Maßen bleibt.

Was erstaunt Sie an unserer Welt?

Ich empfinde das Zusammenleben der Millionen Menschen in einer Gesellschaft wie der unseren als Wunder. Unsere Elementarmechanik ist enorm gezügelt, das ist doch eine großartige Zivilisationsleistung. Die vielen Egoismen, ja, sämtliche Todsünden werden auf eine Weise gelebt, daß man den anderen neben sich gerade noch gelten läßt. Wir tun dem anderen nur jeweils so viel an, daß er uns in seiner Gegenreaktion nicht ans Leben geht. Das ist bei der Unberechenbarkeit der unzähligen

Menschen, die da täglich mit ihrem notorisch überreizten Bewußtsein aufeinanderprallen, geradezu ein Fall von Hochkultur.

In einem Gedicht schreiben Sie: „Du wachst auf von einer eisigen Kälte und entdeckst,/ daß der Tod neben dir schläft, mit offenen Augen." Haben Sie Angst vorm Ende?

Eine Reihe von Freunden ist in letzter Zeit gestorben. Ich habe oft auf Friedhöfen gestanden und darüber nachgedacht, wie sich die einen bis zur letzten Stunde ans Leben klammerten, während andere auf wunderbar leichte Weise hinüberglitten. Diejenigen, die loszulassen verstanden, habe ich als glücklich empfunden.

Sie behaupten nun aber nicht, gern von dieser Welt gehen zu wollen.

Überhaupt nicht! Aber die Motorik meines Lebens ist darauf vorbereitet, mit dem Abschied einverstanden zu sein. Man kann das Programm nicht ändern, das in einem selbst angelegt ist, und man lernt es im Lauf des Lebens nur zum Teil kennen. Deshalb ist Angemessenheit wichtig. Ich habe nichts Besonderes geleistet auf dieser Erde und halte mich da sorglichst an den Dichter Robert Walser, der beinahe penibel seine Kleinheit pflegte – um nicht der Gefahr zu erliegen, sich zu überschätzen.

Noch einmal ein Zitat: „Zu groß sind die Räume,/ die wir uns schufen,/ zu langsam der Schritt,/ sie zu vermessen. Und die Frage,/ wie es mit uns gedacht sei,/ geht auf dem Postweg/ verloren." Glauben Sie an eine Utopie?

Die Probleme, die wir akkumuliert haben, sind die Erbschaft einer gottlosen Gesellschaft. Jetzt, am Ende aller Aufbrüche, haben wir die Sorge einer halbwegs guten Ernährung für alle. Das reicht als Utopie.

Können Sie sich Sozialismus vorstellen?

Ja. Wenn der Kapitalismus an seine Grenzen gestoßen sein wird, und es werden sehr viele Grenzen sein, an die er unweigerlich stoßen muß, dann kann ich mir Sozialismus als eine Art ausgleichender Gesellschaft vorstellen. Es wird freilich kein Sozialismus sein, der einzig aus dem alten Marxschen Widerspruch von Kapital und Arbeit erwächst. Es wird eher um die Lösung institutioneller und struktureller Widersprüche gehen.

Vor welchen Dichtern steht der Dichter Krüger sprachlos?

Ich bin ein Verehrer des Werkes von Giuseppe Ungaretti. Um so etwas Minimalistisches, aber Vollkommenes zu schaffen, muß man ein ganz anderes Leben führen, ein Leben einzig hin zu solchen kristallinen Sprachgebilden. Auch bewundere ich Oskar Loerke: Die Reinheit des Ausdrucks in seinen späten Arbeiten macht mich fassungslos: Da hat ein Mensch durch den Dreck seines Jahrhunderts waten müssen – am Ende aber solche Gedichte! Und ich liebe die bäurischen Verse von Seamus Heaney; sie sind wie der Spaten, den man ins schmatzende Torf sticht.

Was möge man Michael Krüger eines Tages nachsagen?

Er war ein Mensch, der sein Leben nicht dazu benutzte, anderen zu schaden.

Götz George
Ich wollte nicht versauern

Götz George, es gibt bei Theodor Fontane den Gedanken, jedem Menschen entspreche ein bestimmtes Alter – auf dieses Alter lebt er hin. So ist der eine bei 65 noch immer jung, ein anderer ist schon Mitte Dreißig beglückt „alt". Wenn man Filme von Ihnen betrachtet, Werke der letzten Jahre – kommen Sie jetzt in „Ihr" Alter?

Nein. Im Schauspielerberuf funktioniert diese Denkweise nicht. Du bist in die Zeit hineingeboren, ihr kannst du weder entrinnen, noch kannst du irgendwo gelassen herumsitzen und auf das Eigentliche warten. Ich glaube prinzipiell nicht, daß Warten eine sinnvolle Lebensaufgabe ist.

Man ist, was man tut? Man ist nicht das, was man gern sein würde?

Wer das begreift und wer diesen Gedanken denken kann, ohne depressiv zu werden – der hat sein Leben schon wesentlich im Griff und sollte dankbar sein.

Arbeit zu haben, ist das Wichtigste?

Daheim zu hocken und keine Erfahrungen mehr machen zu dürfen, ist ein unmenschlicher Zustand.

Sie haben jede Zeit Ihres Lebens ernst genommen?

Ich habe jeden Abschnitt bewußt durchlebt. Schon beim Lernen auf der Schauspielschule ging ich voll auf. Heutzutage ist man als junger Mensch ja eher stolz darauf, dort nur einen einzigen Tag verbracht zu haben – für die Popularität in einer Vorabendserie langt es allemal.

Wenn Sie also Karl May spielten, war das für den damaligen Lebensabschnitt wichtig?

Ich habe mich in diesen Filmen körperlich begriffen, das brauchte ich für die nächsten Jahre. Später habe ich mich ein bißchen geniert für manchen Film, das gebe ich zu, aber die Erfahrung zahlte sich aus. Dann kam die Theaterzeit, danach die langsame Annäherung ans Fernsehen. Wenn man von der Bühne und ihrem langsamen Probenrhythmus kommt, muß man ja für die Kamera lernen, schnellstmöglich abrufbar zu sein. Und dann kam wieder der neue Lernprozeß: Es gibt im Film nicht nur Knallgelb oder Knallrot, sondern wunderbar getönte Farben bei der Gestaltung einer Figur.

Sie können demnach nicht vorbeileben an den Dingen, die auf Sie zukommen.

Habe ich nie gekonnt und nie gewollt. Das ist doch alles Lebenszeit netto, unwiederbringlich. Ich schiebe mein Dasein nicht auf. Wo soll ich das denn hinschieben?

Wie wichtig war Ihnen Karriere?

Das ist so ein Scheißwort, das Menschen kaputt macht. Wer an die Karriere denkt, denkt bald nicht mehr gern in den langen Zeitabschnitten, in denen aber die Hauptsache stattfindet: Arbeit, Arbeit, Arbeit. Wer Karriere will, der will nur weg, den interessieren nur die Startlöcher und das Ziel. Aber der Lauf dazwischen, der ist es doch, und das Leben ist keine Aschenbahn. Es gibt Seiten- und Umwege, und das Ziel ist nicht immer nur vorn und oben. An die schnelle große Karriere habe ich nie gedacht, sondern den Beruf gelernt, wie ein anderer Schreiner lernt.

Hat die Auffassung mit Ihrem Elternhaus zu tun?

Selbstverständlich. Vom Vater und auch von meiner Mutter ging eine gewaltige Strahlung aus. Heinrich George starb zwar, als ich erst sieben war, ich habe ihn als Künstler nicht bewußt erlebt, aber ich kriegte atmosphärisch mit auf den Weg, was große Kunst ist, ich wurde später auf dem Theater mit den besten Lehrern konfrontiert, mit Fehling, dann mit Noelte.

Worin besteht das Glück großer Lehrer?

Sie lassen dir freien Lauf, sie vertrauen dir. Das Glück ist zugleich ein Unglück: Du kriegst Maßstäbe mit, entwickelst Ansprüche – *(er lacht)* und landest im deutschen Fernsehen.

Jetzt klingt Deutschlands beinahe einziger Fernsehstar wie jemand, der einen Abstieg bilanziert.

Nein, ich möchte mich nur nicht selbst belügen. Heute sind die Wertigkeiten des Berufs in Mißkredit geraten, so wie generell in der Gesellschaft der Verlust von Werten beklagt wird. Jeder Film, der heute entsteht, ist nur in einer einzigen Hinsicht auf jeden Fall ein Kunstwerk: wie viele Leute doch zu wie vielen Kompromissen fähig sind und daß daraus trotzdem noch ein Film entsteht. Wirklich: große „Kunst"!

Aber freilich deren Tod.

Wenn sich bei einem Filmkompromiß viele, zu viele Interessen sehr eng berühren, das halten die Deutschen ja schon für Erotik. Ich möchte meine kriminelle Energie in die Rolle investieren, nicht ins Vorfeld der Abmachungen. Irgendwann biste an dem Punkt, wo du überlegst: Im Stolz versauern oder das Beste draus machen?

Sie haben sich immer für den zweiten Weg entschieden?

Ja. Und das hing dann meist mit den Leuten zusammen, mit denen ich arbeitete. Atmosphäre ist mir wichtig, gemeinsamer Spaß und die Ehrlichkeit der Mühe. Ich arbeite lieber mit einem mittelmäßigen Drehbuch, als gar nichts zu tun. Mag sein, daß man sich hinterher an den Kopf greift, mein Gott, so ein Mist, aber jeder Film war ein Versuch, mit konkreten Bedingungen klarzukommen, die man als Schauspieler nicht selber bestimmt.

Sie haben mal gesagt, Sie arbeiteten in der „Kreisklasse".

Wenn Sie unter so einer Kraft wie dem George aufwachsen, wenn Sie die Redlichkeit und Lauterkeit einer Drews miterleben, wenn Sie in so eine Welt der besonderen Kunstausübung eintauchen und auf der Bühne Quadflieg, Kortner, Minetti, Krauss, Wegener, Caspar, die Koppendörfer erleben, dann bekommen Sie ein Gespür für Qualität, ein Empfinden für die notwendige Dauer der Anstrengung, für die Zweischneidigkeit und den falschen Glanz des raschen Erfolgs.

Heute wird künstlerischer Erfolg mit Popularität verwechselt?

Ja. Und als Künstler existieren Sie meist nur noch auf dem Boulevard. Entsetzlich. Allein schon, wenn ich das Wort „Gigant" höre oder „genial". Das waren Bezeichnungen für das, was Heinrich George und andere auf dem Höhepunkt ihres Berufs machten. Solche Attribute werden heute jedem Idioten hinterhergeworfen. Wir sind alle Kreisklasse. Entschuldigen Sie, wenn ich auch Ihren Beruf da mit reinreite. Wir tapsen herum und fingern nach ein bißchen Wesentlichem. Man muß doch bloß mal einen Abend lang fernsehen. Das meiste endet in fürchterlicher Äußerlichkeit, Nichtigkeit und Aufgeblasenheit. Jeder hofft, der andere merkt's nicht. Also: Auch ich wurstle mich da durch.

In der Branche heißt es: Nimm den, der ist einfach zu handhaben. Sie indes gelten als schwierig.

Ich bin schwierig. Darauf bestehe ich. Ein Mensch, der stolz darauf ist, pflegeleicht zu sein, ist stolz auf Verkrümmungen.

Was ist das, was Sie eine „unauffällige Karriere" nannten?

Das war mein Ziel, es ist mir mühevoll gelungen. Ohne Boulevard, ohne Schlagzeilen, ohne Klatsch. Als Schauspieler überschreite ich meine Hemmschwelle im Spiel, das ist mein Beruf, und nur dort möchte ich mich, was schwer genug ist, preisgeben. Woanders wäre mir das peinlich. Aber man wird permanent gedrängt, sich außerhalb des Spiels zu entblößen, und die

Gefahr besteht, daß man das irgendwann schon für die Ausübung des Berufs hält.

Der Theaterwissenschaftler und Frankfurter Ex-Intendant Günter Rühle schrieb: Heinrich Georges „Sohn Götz, umhergetrieben in filmischen Abenteuern, ist ihm am ähnlichsten geworden. Seiner Mächtigkeit bedürfte das kraftlose Theater. Ruft ihn der Vater nicht?"

Das ist lieb geschrieben, wirklich lieb. Danke. Aber ich habe keine Anbindung mehr ans Theater. Wenn ich zurückgehen würde auf die Bühne, wäre ich sofort fällig. Die Zeit ist vorbei, daß man Mischformen akzeptierte. Gründgens, Jannings, die Dorsch, Forster und eben auch Heinrich George – die spielten Klassik und Unterhaltungsfilm. Heute steckst du in der Schublade, und nur unter dem Aspekt des Events läßt man dich raus. Niemand wird heute mehr durchgängig und in seinem Facettenreichtum angenommen, alles ist fragmentiert, auch jeder Mensch wird einem Wirkungssegment zugeordnet. Dort hat er gefälligst zu bleiben. Image zu haben statt Charakter – das ist die traurige Prüfung, die heute zu bestehen ist. Ich gebe zu, ich hätte Angst: ein halbes Jahr harte Theaterarbeit, um dann wieder vorgeführt zu werden? Nein.

Ist es diese Angst, die zu den Beschädigungen Ihres Lebens gehört?

Da muß ich noch mal auf das kommen, worüber wir vorhin sprachen. Ich hatte das „Pech", die Ernsthaftigkeit wunderbarer Schauspieler zu erleben, die bei uns ein- und ausgingen. Dann sind sie gestorben, ich sah den Trauermoment der Mutter, dieses einengende Gefühl, verlassen worden zu sein von den Gleichgesinnten. Du fragst nach dem Vater, du wächst mit einem Maßstab auf – und plötzlich erwachst du am Ende des Jahrhunderts und stellst fest, mit dem Zapper in der Hand: Was heute zur Berühmtheit führt – damit möchtest du nichts zu tun haben. Du bleibst unbescholten, du führst erfolgreiche Prozesse gegen primitive Medien, aber was nützt solcher Erfolg: Du reibst dich auf an lauter Scheiß. Davon hätte ich gern manches übersprungen. So arbeite ich zwar in Deutschland, aber lebe draußen.

Herr George, wie empfinden Sie das Älterwerden?

Man wird gelassener, weil die Kondition nachläßt. Es ist aber eine Gnade der Schöpfung, daß man die Dinge, die man nicht mehr kann, eines Tages auch nicht mehr will. Es ist ein Glück, wenn der Wille eingreift, bevor dir dein Körper die bitteren Wahrheiten präsentiert.

Wenn man alles an der Lebenszeit mißt, die einem möglicherweise noch zur Verfügung steht, wird man schnell panisch. Oder?

Ja, man steht zwischen dem Drang zur Eile und dem Drang, Energie einzuteilen. Ich bin leider kein phlegmatischer Mensch, ich habe immer darunter gelitten, jede Sache genau und verbindlich zu nehmen. Schon Unpünktlichkeit ist ja eine Kränkung. Auch dadurch habe ich mich ein bißchen ins Abseits manövriert, man wird anstrengend für andere. Ich räume auch meine Wohnung auf, und wenn ich sie verlasse, muß sie in ordentlichem Zustand sein. Langweilig, sagen Freunde, und ich kann nur sagen: Ja, Leute, ich bin furchtbar langweilig. So, wie ich längst nicht mehr für den verhängnisvollen Kreislauf des Berufs tauge, der da lautet: sich erst hochputschen, dann flachsaufen.

Man wird wählerischer, was die Menschen betrifft, die man für sein Leben benötigt?

Ja. Je früher man eine gewisse Einsamkeit trainiert, um so besser fürs Alter. Um nicht allein zu sein, habe ich eine Zeitlang all die Leute gelten lassen, die sich nur an mich ranhängten, um selber zu glänzen. Das ist vorbei.

In einem FAZ-Fragebogen vor vielen Jahren antworteten Sie auf die Frage, wer ihre Lieblingsgestalt in der Geschichte sei: „Mit Abstand, Diogenes."

In der Tonne zu sitzen und sich die Sonne auf den Bauch scheinen zu lassen – es ist der wunderbare, wahrscheinlich beneidenswerte Gegensatz zu dem, was ich tue.

Hatten Sie je Angst vorm Tod?

Nein. Irgendwann merkte ich, daß ich mit meinem Körper umgehen kann und habe das im Film eingesetzt. Als ich begann, gab es noch keine Stuntmen, da bist du halt überall selber runtergesprungen. Ich habe wirklich eine Menge gewagt und mich immer beruhigt: Wenn's passierts, passiert's eben. Ich bin in dieser Beziehung fatalistisch: Ich glaube ans Schicksal.

Würden Sie alles in Ihrem Leben so noch einmal machen?

Nein. In meinem Beruf ist kontinuierlicher Aufbau einer Lebensleistung, eines Werks nicht mehr möglich. Die große Zeit der originalen Künstler ist vorbei. Ich würde nicht mal mehr jemandem raten, Schauspieler zu werden.

Ist das Verbitterung?

Nein, Realismus. Ich arbeite ja trotzdem oder gerade deshalb weiter. Aber ich muß gestehen: Ich bin altmodisch, mir fehlt jede Lockerheit der Betrachtung, und ich bin ungeeignet dafür, das Mittelmaß der allgemeinen sauerstoffarmen Lage auch noch „super" zu finden. Ich leide nicht unter dem Gefühl, etwas versäumt zu haben, aber ich habe das Ziel der Klasse nicht erreicht. Ich konnte nie sagen: Ich eifere meinem Vater nach. Ich konnte höchstens sagen: Ich will ihm keine Schande machen.

Erreicht?

Ja. Ich habe in meinem Beruf redlich gearbeitet, und dieser Beruf hat mir in bestimmten Lebenssituationen – beim Tod der Mutter, bei verschiedenen Trennungen – sehr geholfen. Jetzt, da ich älter werde, denke ich manchmal, zu viel gearbeitet und möglicherweise zu wenig gelebt zu haben.

Ein Vatersyndrom?

Nein, mit ihm kann ich mich überhaupt nicht vergleichen. George hatte ein wahnsinniges Pensum. Nur gearbeitet! Morgens zur Ufa, dann zur Probe ins Schiller-Theater, dann wieder gedreht, abends Vorstellung oder Funk. Er ist mit dreiundfünfzig gestorben. Er hat so schnell, so intensiv gelebt, als habe er geahnt, es würde sehr früh Schluß sein.

Kein Mensch weiß wirklich, was er sich zumuten darf.

Aber weil Sie nach dem Tod fragten: Nur bitte kein schleppendes Ende! Dazu ist mein Beruf zu lebendig, zu nervös, als daß ich das aushalten würde. Sage ich zumindest jetzt, rein theoretisch. Aber Gott hat ja eine Bremse eingebaut: Die Alten hängen dann doppelt am Leben. Ich hoffe, diese Mentalität nicht zu haben. Nee, dann lieber in den Wald oder ins Meer.

Wald oder Meer?

Ins Meer. Da ich Begräbnisse hasse, ist es mein Wunsch, so zu verschwinden, daß es erst nach einer Weile auffällt.

Was ist das Faszinierende am Meer?

In Sardinien, wo ich lebe, sehe ich jeden Tag das Wasser, den Horizont. Du wirst klein davor und empfindest das nicht als Makel. Denn du fühlst dich als Teil einer unbestimmbaren Größe und Unendlichkeit, in die alles einfließt, auch wenn man sich noch so sehr dagegenstemmt.

Der Mensch stemmt sich ja am kräftigsten und am vergeblichsten und am lächerlichsten gegen die Tatsache, daß auch er nur ein Staubkörnchen ist.

Das Element Wasser war mir immer ein Freund. Die Gewalt ist groß, und sie liegt unter einer trügerischen einladenden Fläche. Wie das Extreme, das ich gern spiele und das im Verborgenen jedes Menschen lauert. Ich war draußen auf dem Meer oft unsicher, habe dann in den Himmel geschaut und mit einem Mal einen Sinn für Zwiesprache gehabt.

Dort draußen also sterben.

Mit dem Surfbrett raus, ein bißchen Alkohol. Irgendwann fragt jemand: Wo isser eigentlich? *(lacht)*

Unauffällig abtreten.

Das ist die große Kunst, schon im Leben. Wenn das Dasein noch so auffällig und turbulent ist – abtreten sollte man still und bescheiden.

Welchen Stein wollen Sie vorher noch stemmen?

Da gibt es keinen Plan. Der Zufall wird weiter mein Leben bestimmen. Es kommt auf die Konstellationen an. Wie gesagt: Ich habe nie auf etwas hingearbeitet, ich habe gearbeitet. Ich kann das alles wirklich nicht so bedeutend und so hoch ansetzen: Wir sind Nachschöpfer, das ist das Kreuz meines Berufes.

Sie wollten auch nie nach Amerika.

Nein, ich habe immer gesagt, ich habe keine Lust, im Luxuswohnwagen einsam auf meinen nächsten Dreh zu warten. Auch die ganz große Gage würde mich nicht dafür entschädigen, daß mir meine Sprache fehlt und die Unmittelbarkeit des Erlebnisses, gemeinsam ein paar schöne Kinderspiele zu betreiben. Auch George hat mal in den USA gedreht, er war einsam, wie ein Mensch nur einsam sein kann.

Da ist er lieber in Deutschland geblieben und hat Kompromisse gemacht.

Ach, sehen Sie: Wenigstens in dem Punkt bin ich ganz der Vater.

Gisela Oechelhaeuser
Hoffnung ist Arbeit.
Am nächsten kleinen Schritt

Gisela Oechelhaeuser, der entscheidende Satz Ihres neuen Kabarett-Programms „Selber doof" lautet: In der Freiheit ist jeder selbst dafür verantwortlich, was er erwartet.

Ja, Freiheit ist furchtbar.

Aber Sie rufen nicht gleich nach der Rettung: einer Diktatur.

Warum sollte ich?

In der Diktatur wird man, im Gegensatz zur Demokratie, zu allem Möglichen gezwungen – nur eben nicht zur Freiheit.

Das ist wahr, aber weiß Gott keine Alternative.

Volker Braun schrieb über Sie: „Ihre größte Begabung ist Freiheit."

Es geht darum, diese Unausweichlichkeit von Freiheit in wirkliches Freisein umzuwandeln. Jede Wahl, die man trifft, engt das Feld der Alternativen nicht ein, sondern eröffnet immer neue. Jeder nächste Schritt in die Freiheit ist somit immer ein Schritt in die Kälte.

In welchem Zusammenhang steht das, was Sie sagen, zur Gerechtigkeit? Freiheit und Gerechtigkeit werden links gern zusammengedacht.

Unsere Freiheit hierzulande beruht auf großer Ungerechtigkeit woanders.

Da sind wir ja schon mitten in der Kälte.

Uns stört doch nicht wirklich, daß die Welt ungerecht ist. Uns stört nur, wenn sie zu unseren Ungunsten ungerecht ist.

Eine Partei wie die PDS fordet „Gerechtigkeit überall".

Das ist Irreführung der Behörden. Gerechtigkeit überall würde jeden einzelnen von uns in erschütterlichem Ausmaß in seiner Lebensqualität beschneiden. Als das Gleichgewicht des Schreckens abgeschafft wurde, mußten wir feststellen, daß nur das Gleichgewicht verschwand, der Schrecken blieb. Jetzt geht es um eine Suche nach einem neuen Gleichgewicht in der Welt. Wenn ich ehrlich für die Globalisierung der Menschenrechte kämpfe, muß ich gegen meine eigenen Interessen verstoßen wollen, denn in den Augen vieler Millionen Menschen sind wir Schädlinge.

Nochmal Volker Braun: „Wir wissen, es ist die Hauptsache,/ das Leben zu ändern,/ das heißt das eigene ... aber wir wollen uns/ nicht aus unseren Halterungen reißen./ Weil wir sonst Elende wären,/ Verdammte Entlassene,/ denen niemand die Hand gibt außer den/ künftigen freien unvorstellbaren Menschen." Braun nennt es das „Wirklichgewollte".

Ja, das ist die Prüfung, vor der wir stehen. Wer will's wirklich? Der Kopf sieht alles ein, der Bauch möchte das gute Essen und den guten Wein.

Haben Sie Angst vor der Zukunft?

Meine Solidarität mit mir selber und den Schwachen sehe ich darin, keine Angst mehr davor zu haben. Daß ich zu bestimmten Dingen „Nein!" sage und trotzdem „in meinen Halterungen" lebe. Dieses Gefühl würde ich mit meiner Arbeit gern weitergeben. Der Leipziger Pfarrer Christian Führer hat 1975 im Zusammenhang mit dem beginnenden Helsinki-Prozeß von Entängstigung gesprochen. Das ist für mich ein ganz wichtiger Begriff. Nehmen Sie den US-amerikanischen Dokumentarfilm „Bowling for Columbine" von Michael Moore ...

Eine Recherche in Sachen privater Waffenbesitz.

Ja. Dieser Film weist nach, daß man mit Menschen, die Angst haben, alles machen kann. Deshalb ist Entängstigung so entscheidend. Sie rückt Dinge wieder in den Bereich der Beeinflußbarkeit. Als ich nach Moores Film aus dem Kino kam, war ich in einem ganz und gar unhysterischen Sinne aufgewühlt und hatte nur eine Frage: Wo kann man jetzt, mitten in der Nacht, für etwas Wichtiges demonstrieren?

Wo heute demonstriert wird, hat auch der Pflasterstein wieder Hochkonjunktur. Der französische Philosoph Paul Virilio spricht von jenem letztmöglichen politischen Erlebnis, das „ganze System parasitär zu schädigen".

Das sehe ich nicht so. Die größte Waffe zum Beispiel der Globalisierungskritiker ist die Friedfertigkeit.

Haben Sie denn keine Sehnsucht nach dem Stein?

Mitunter sogar sehr große. Aber wenn ich nachts ins Bett gehe und weiß, daß in Berlin zur gleichen Zeit möglicherweise ein Mensch erfriert, kann ich nicht mehr behaupten, ich hätte ungenügende Informationen über den Zustand der Welt. So lange ich dem, der da friert, kein Bett verschaffe, würde ich nicht zum Stein gegen andere greifen.

Sie machen sich selber zum Vertreter des Systems.

Wie schon gesagt: Ich bin es. Und ich bin mit einer Grunderfahrung groß geworden: Es zählt nur, was du für einen Schwächeren tust. Der Verweis auf die Macht der Stärkeren kann schnell zur Rechtfertigung werden, gar nichts mehr zu tun.

Oder aus Ohnmacht blindwütig zu sein.

Auch ich bin ja für viele Menschen die Stärkere, davon leitet sich die eigentliche Verantwortung ab. Bush kann ich nicht aufhalten, aber daß ich das Bett für den Frierenden nicht besorge, macht mich angreifbar und relativiert mein Recht, gegenüber anderen eine höhere Moral zu behaupten. Ich denke, die politische Linke muß ihre Wertdebatten wieder in diese Richtung erden: Alles wird am Einzelleben entschieden. Es geht also auch darum, Armut zu riechen, zu schmecken, ganz nah zu fühlen. Das Gefühl für die Ängste der anderen darf nicht verlorengehen. Hoffnung ist Arbeit am nächsten, verflucht kleinen Schritt.

Das heißt: Man hat keine andere Wahl, als sich kräftig auf diese Gesellschaft einzulassen.

Ich lebe in ihr, und ich lebe von ihr, im Guten wie im Verrufenen. Ich kann als Einzelne viel weniger tun, als ich hoffe, aber viel mehr, als ich fürchte. Früher habe ich das als Einschränkung betrauert, heute begreife ich es als Reichtum – gegen jenen ältesten Satz, der auch der schlimmste ist: Ich hab's doch versucht! – und dann winkt man resigniert ab.

Es grassiert eine Lust am Apokalyptischen: Nichts habe mehr Zweck.

Diese Lust ist eine exzessive Form der Wahrnehmung. Egal, ob Bungee-Sprung oder Essay übers nahende Ende – das hat eine sinnliche Dimension. Für mich ist diese Lust aber die ordinärste Form der Kapitulation: Ich mache nichts Bekämpfenswertes mehr in der Welt aus und will nicht mehr in Ursache und Wirkung denken. Das ist genau jenes lähmende Denken, das die Dinge der Beeinflußbarkeit entzieht.

Sie möchten den Leuten vermitteln, daß es ihnen besser ginge, wenn sie sich einließen – auf einen Aufstand gegen die Gewöhnungen?

Den Satz „Meine Dame, Sie neigen zum fetten Arsch!" kann man als Beleidigung betrachten, aber man kann ihn auch als Kundenberatung verstehen, und sofort fährt man besser mit der Situation. Die Analyse ist düster, aber es gibt ein Licht, das man den Menschen mitgeben kann. Meine Mutter sagte zu uns Kindern: Eßt das, das sind billige Eiweißträger! Ich sage zu meinem

Mann: Peter, komm zu Tisch, es gibt Hering. Das ist der ganze Unterschied, das ist Entängstigung. Von Eiweißträgern kann man nicht leben, aber von Heringen. Man wird zwar satt von Eiweißträgern, aber nicht glücklich.

Was bedeutet Ihnen Erinnerung an die DDR?

Ich mag keine DDR-Erinnerung, bei der fortwährend so getan wird, als seien wir noch immer Abgesandte aus der Zukunft, die ungerechterweise in eine reaktionäre Gegenwart geraten sind. Aber wenn mich jemand fragt, warum ich solidarisch bin, und ich ihm antworte, das sei für mich unbedingte Lebensqualität – dann kann ich auch hinzufügen, das in der DDR gelernt zu haben. Gedächtnis ist nicht als Reliquie interessant, sondern in bezug auf heutige Haltungen und Handlungen.

Sie sagten vorhin, Sie fühlten bei aller Friedfertigkeit trotzdem die gesamte Skala von Haß und Zorn. Auf wen zum Beispiel?

Ganz einfach: Da reicht schon der Gedanke an „unverschuldet" reiche Frauen, die ohne jede Arbeit sagenhaft gut leben. Aber es ist schade um die Energie, die in diesem Haß sinnlos verpufft. In diesem Jahr ist mein Bruder Walter gestorben. Der Pfarrer sagte zu meiner 92jährigen Mutter, die selbst viele Jahre Pastorin war: Vielleicht werde ich dir theologisch nicht gerecht, aber ich weiß, die einzige Möglichkeit für dich, deinen Sohn zu behalten, ist, ihn loszulassen. Ein wunderbarer Satz. Es bleibt die Liebe, aber sie bleibt nur in geöffneten Händen. Geschlossene Hände können nicht empfangen. Die Steinfaust muß sich lösen.

Frau Oechelhaeuser, die gleichsam unfriedliche Trennung von der „Distel", die medialen Zurechtweisungen wegen einer IM-Unterschrift – sind Sie enttäuscht, wie die Dinge gelaufen sind?

So was ist ja stark abhängig vom physischen und psychischen Programm, das man für sein Leben mitbekam. Ich neige nicht zum Enttäuschtsein. Dazu bewege ich mich zu gern im Leben.

Nach der Trennung von der „Distel" mußte ich für mich klären: Wo war ich Projektionsfläche für andere und muß mich also gar nicht auseinandersetzen ...

Auch der Neid der anderen ist in solchen Situationen ein fleißiger Arbeiter!

.... und wo muß ich die Auseinandersetzung unbedingt führen.

Mit sich selber.

Ja. Ich denke zum Beispiel, daß meine Gabe zur Einmischung auch die Gefahr der Verfügbarkeit mit sich brachte. Irgendwann ist man da aber durch, die Bitterkeiten lösen sich auf, und man hat etwas Kostbares: eine Erfahrung. Dann lacht man auch mal wieder laut.

Aber erst irgendwann.

Ich habe die Einladungen zu vielen VIP-Veranstaltungen nie wahrgenommen, weil mir die Zeit zu schade war, aber als ich keine mehr bekam, habe ich geheult.

Wenn man auf solche Weise einsamer wird – wird man hochmütiger?

Beim Wort Hochmut ist die Sprache im Wege. Der Begriff unterstellt einen Vorsatz.

Also: Wird man selbstbestimmter?

Ich habe wichtige Bindungen verloren. Würde ich mir permanent den Verlust vergegenwärtigen, könnte ich nicht existieren. Also wird man anmaßender im Willen zur Unabhängigkeit.

Aber wenn ich das richtig sehe, ist Ihre jetzige Arbeit, in anderer Dimension als früher, Existenzkampf. Das steht der Unabhängigkeit entgegen.

Ja, aber nicht der erwähnten Entängstigung, sich dieser Lage zu stellen. Von der Summe der Leute abzuhängen, die in eine Vorstellung kommen, ist und bleibt ein tolles Lebensgefühl, und zugleich ist es schwer auszuhalten. Thomas Langhoff hat mal in einem Fernsehgespräch mit mir gesagt, ihm behage der Platz zwischen den Stühlen. Ich verstehe diese Haltung erst jetzt richtig. Es ist ein Scheißplatz und der beste, den man haben kann.

Wie war das doch vorhin? Der Schritt in die Freiheit ist der Schritt in die Kälte.

Eben. Und dazu gehört: einverstanden zu sein mit der Relativität der Dinge, sich zurückzunehmen, gewissermaßen auf den eigenen Tod hinzuarbeiten.

Das gelingt Ihnen?

Fröhlichen Herzens, aber mit sehr verkniffenem Gesicht.

Was macht eigentlich Ihr Sohn Sebastian?

Er arbeitet in London für eine US-amerikanische Investbank. Eine Arbeit, die nicht immer nur zu Frieden in der Familie führt. Ich habe aber auch von ihm gelernt, wie er von mir gelernt hat. Ich gebe dies allerdings eher zu. Die größte Befreiung, sagt Peter Handke, ist die Befreiung von Vorurteilen, und ich weiß nunmehr, daß der Investbanker ebenso mein Partner sein kann wie die katholische Schwester. An der Lösung der wirklich existentiellen Probleme wie Krieg und Frieden müssen wir alle mitarbeiten. Das hebt aber eine Warnung nicht auf: Sebastian, habe ich zu meinem Sohn gesagt, wenn du vergessen solltest, daß Geld nur ein Lebensmittel ist, hätten wir uns in bestimmter Hinsicht nicht mehr viel zu sagen.

IV

WELTRÄTSEL UND WEINBERGE

Kinder, Mütter, Väter

RIGOBERTA MENCHU
Ich habe nicht geheiratet, weil ich keine Witwe und keine gefolterte Mutter sein wollte. Das Leben ist zu gefährdet, wenn man sich entschlossen hat, als Revolutionärin für ein freies Guatemala zu arbeiten. Ich verbinde mit der Ehe verläßliches Beisammensein, aber wo sollte ich das finden? Wenn ich verheiratet wäre, würde ich eine gute Mutter sein wollen – aber sollte ich mein Kind vom Dorf erziehen lassen, während ich draußen herumziehe? Manchmal bin ich froh, allein zu sein, manchmal erfüllen mich Angst und Trauer, und in ganz wenigen heftigen Momenten spüre ich Panik, das Leben könnte an mir vorüberziehen.

REGINE HILDEBRANDT
Die Erhaltung von Höhepunkten in einer Familie ist ganz wesentlich. Wenn mal ein verregnetes Wochenende war und am Sonnabend alle bei uns einen ziemlich tristen Eindruck machten, wurde für den Sonntag schnurstracks ein Tischtennisturnier organisiert, um die Stimmung zu heben. Im Kinderzimmer haben wir die Platte aufgestellt und unter Freunden, Cousinen und Cousins herumtelefoniert. Wer Lust hatte herzukommen, sollte sich auf die Socken machen. Das war stets furchtbar lustig, die meisten, die wir angesprochen hatten, kamen, es wurde Kuchen gebacken, und das Turnier startete. Natürlich waren die meisten keine großen Könner, das machte das Treiben nur noch bunter. Wir überlegen uns in dieser Hinsicht immer was Neues! Wanderungen zum Beispiel, mit zehn oder zwanzig Leuten, vor allem Weihnachten. Wenn plötzlich der Weg aufhört, nur noch Schneematsch, und wir werden klitschnaß – das steigert die Heiterkeit, anschließend wird sich mit einem Fußbad wieder aufgewärmt.

FRANK CASTORF

Ich könnte nicht wie meine Eltern leben, mit Ordnung und Weihnachtsbaum. Verantwortung für Familie habe ich als Aufgabe nie verinnerlicht. Weil ich sie nicht lebte. Trotzdem beneide ich meine Eltern, da sie in hohem Alter einen wichtigen Schutz haben, ein Interesse füreinander, eine Zusammengehörigkeit – ich bin zu dekadent, um so was noch schaffen zu können. Ich differenziere alles weg. Schon meiner Großmutter, die mich sehr mochte, hätte ich gern etwas von der Liebe zurückgegeben, die sie mir gab. Ich habe es nie geschafft.

WOLFGANG ULLMANN

Meine Kindheit, das war tiefe Harmonie in der Familie, Seelenruhe. Vor allem: eine Würde im Umgang miteinander, die keinerlei Ersatzbefriedigung brauchte, schon gar nicht in irgendeiner Masse. Ich mußte weder Gefühlsarmut noch fehlende Bildung kompensieren. Meine Eltern überlegten ständig, wie sie uns Kindern eine Freude machen konnten. Mit wenigen Mitteln. Das kann fassungslos machen vor Glück. Entscheidend für ein Kind ist, daß es sich immer, was es auch tun mag, auf die Liebe seiner Eltern verlassen kann. Ich bin jedesmal erschrocken, wenn Menschen teilnahmslos, kalt, geringschätzig über ihre Eltern reden. Da ist offenbar beiden Unglück widerfahren – den Kindern wie den Erwachsenen. Es besteht ja eine große naturgegebene Gerechtigkeit darin, daß am Anfang des Lebens die Kinder von den Eltern und am Ende des Lebens die Eltern von den Kindern abhängig sind. Wer sich dieser Einsicht und deren Konsequenzen entzieht, ist kein guter Mensch.

GEORG RINGSGWANDL

Zu meinen frühen bayerischen Erfahrungen gehört so eine Aufbruchsstimmung von Leuten, die nichts hatten. Kleinhäusler mit dem Glück der Davongekommenen. Einer half dem anderen, einer kannte den anderen. Kleine, schräge Häuser. Ich seh noch Hasenstall und Hühner, eine überschaubare, gedrängte, geschlossene Welt. Immer wurde mit einem Scherz drübergegangen über die Unabänderlichkeiten des Lebens. Vieles war grausam und komisch zugleich. Und heute sieht dort alles viel schöner aus. Aber die Leute reden nicht mehr viel miteinander. Früher gratulierte man zum Geburtstag, heute gratuliert man zähneknirschend-neidisch zum neuen Auto. Der Wohlstand hat das gute Leben gebracht, aber eine Menge Degeneriertheit dazu.

EDUARD GEYER

Ich verlange keine Dankbarkeit als Trainer. In der Schule begreifst du auch nicht sofort, welcher Lehrer dir am meisten gebracht hat. Die strengsten hieltst du für die schlimmsten. Andere Lehrer haben uns was vorgelesen, die waren beliebt, aber vielleicht nur für den Moment interessant. Diejenigen, die dich rundgemacht und die wir als Schüler fast gehaßt haben – die erwiesen sich, vom heutigen Standpunkt aus, meist als die wirklich guten Lehrer.

REINER CALMUND

Ich komme aus einer Arbeiterfamilie, ziemlich tief unten, mit fünf Jahren habe ich Hühnerfutter gegessen, so war die Lage damals. Ich habe mir alles hart erarbeitet, da flog nicht einfach so ein Honorar durchs Fenster rein, und seitdem sage ich mir: Sozial sein, ja, aber da muß vorher was in die Tasche kommen. Eine Kommunion der Schwachen packt gar nix. Ohne Moos nix los. Deshalb vertrete ich eine Ordnung, in der ganz konservativ malocht wird, in der die menschliche Chemie stimmen muß, in der Leistung Spaß macht. Aus einem traurigen Arsch kommt kein fröhlicher Furz. Ich bin nicht dafür, zu verteilen, ohne zu fragen, wo es herkommt. Den Schwachen wirklich helfen kann nur das gemeinnützige Tätigsein von genügend Starken.

HELMUTH LOHNER

Meine Eltern waren überzeugte Sozialdemokraten. Beide kümmerten sich sehr um andere Menschen, sie haben während des Krieges viel gelitten. Vater war Schlosser und kam als todkranker Mann aus diesem Krieg, er hatte nicht mehr viel vom Frieden. Irgendwann merkten sie: Wir haben einen spinnerten Jungen, aber sie taten nichts gegen meinen Theaterwunsch. Was haben Sie mir als Haltung aufgetragen? Dafür zu sorgen, daß man nicht die Achtung vor den Mitmenschen verliert. Daß man sich müht, ohne große Lügerei auszukommen. Daß man keine Angst vor der Wahrheit hat. Schmerzen kommen nicht vom Verdrehen der Glieder, sondern vom Verdrehen der Wahrheit.

ALEXANDER LANG
Meine Kindheitsbilder – das war ein sehr dörfliches Leben, in Hochheim, einem Vorort von Erfurt. Ich erinnere mich an die schöne Möglichkeit, einfach hinein in die Wälder gehen zu können. Plötzlich eine Wiese – Birkenbäume mit gelbem Licht im Laub, drüber milchblauer Himmel. Und der Wunsch, das zu malen. Mit neun Jahren erlebte ich meine erste Klassenfahrt nach Weimar, und hier gingen wir zunächst nach Buchenwald, dann erst ins Goethe-Schiller-Museum. Diese Reihenfolge habe ich lebenslang als Prägung empfunden. Ich will und kann das nicht verleugnen: Vor der Bewunderung der Klassik steht für mich seit jeher die Frage, was Menschen anrichten – trotz Goethe und Schiller.

WERNER SCHNEYDER
Ein Lehrer machte uns im Geschichtsbuch auf eine Schlacht aufmerksam, und da stand, es seien soundsoviel Perser und Griechen gefallen. Der Lehrer ließ das Buch sinken und sagte: Ich glaub, soviel haben nicht einmal gekämpft. Der hat einem Dreizehnjährigen auf wunderbar lapidare Weise gesagt: Es steht da, aber es ist anfechtbar. Der Satz dieses Lehrers ist einer der wichtigsten meines Lebens geworden. Wahrscheinlich muß man zum Beispiel Kindern sehr früh vermitteln, daß nichts so festgeschrieben ist, wie man uns das einzureden sucht. Da kann ein Elternhaus Widerstand leisten gegen die pädagogischen Mechanismen der Gesellschaft. Die sind darauf ausgerichtet, sehr vieles allein durch Einschüchterung zu rechtfertigen. Das ist pädagogischer Mord.

PETER TURRINI
Ich lebte in einer antwortlosen Welt. Als ich meine Eltern fragte, warum der ehemalige Nazi-Ortsgruppenkommandant nun Gendarmeriechef sei: keine Antwort. Ich dachte mir eine aus, so kam ich zum Schreiben. Man kann sich das Fragen freilich auch aus dem Leib saufen und wird Mitglied der Freiwilligen Feuerwehr. Das ist mir erspart geblieben.

FRITZ MULIAR
Ohne frühe Fähigkeit zur Toleranz hätte ich meine Jugend gar nicht durchgestanden. Der Vater k.u.k-Offizier, die Mutter bei der Bank und sozialdemokratisch, der Großvater niederösterreichischer Elektriker mit deutschnationaler Färbung, der spätere Stiefvater russischer Jude, und die Großmutter strenge Katholikin. Der deutschnationale Großvater feierte Papas Festtage mit – dafür revanchierte sich der jüdische Stiefvater, indem er Weihnachten strahlend unterm Christbaum saß. Also ohne Toleranz wäre man in dieser Familie im Irrenhaus gelandet.

JOHANO STRASSER
Meine Mutter war eine energische Holländerin, mein Vater ein leicht elegisch getönter Österreicher. Zu den wenigen Erziehungsprinzipien meiner Mutter gehörte: Bei Ungerechtigkeiten schreit man auf, und wenn's gar zu arg wird, haut einen die Mutter schon raus! In der Mittelschule brauchte ich eine Empfehlung fürs Gymnasium, der Lehrer verweigerte die Unterschrift; ich hätte zwar Bestnoten, aber nicht die moralischen Voraussetzungen. Er meinte wohl das Schwarze unter meinen Fingernägeln, oft mußte ich mich vor allen auf dem Hof an der Pumpe waschen. Mutter schnappte mich, wir gingen zum Lehrer, und sie gab ihm eine Ohrfeige. Jetzt unterschrieb der Feigling. – Wir waren sechs Kinder und sehr arm, immer an der Grenze zur Verwahrlosung, dennoch: Ich hatte eine glückliche Kindheit. Die Familie hielt zusammen, und ich wuchs auf mit großem Zutrauen in die Welt. Trotz der Armut war das Wichtigste: das Spielen. Ein Freund von mir mußte daheim viel arbei-

ten, der Vater war im Krieg gefallen. Ich sah ihn nie lachen, und meine Mutter sagte damals den Satz: „Wie soll sich der Junge später zurechtfinden im Leben, wenn er jetzt schon alles wissen und tun muß."

REINER CALMUND
Wir wollten den Rune Brathset für unseren Klub. Er war ja lange Zeit in Bremen, lebt nun in Trondheim. Wunderbare Berge, herrliche Abendsonne, klare Seen. Was fehlt dem noch? Was sollte der in Leverkusen? Wir hatten gute Gespräche, aber jedes Mal merkte ich, die Philosophie da oben, mitten im Norwegischen, die ist anders. Und da würde auch nicht helfen, in Leverkusen mehr zu verdienen. Die Frau ist Lehrerin, und sie sagen beide: Wir wollen unsere Kinder gemeinsam erziehen, wollen sie abends gemeinsam ins Bett bringen. Drei Jahre Leverkusen wären drei Jahre Verlust einer Lebensqualität, die durch nichts aufzuwiegen ist. Ich lebe nicht so, aber ich verstehe das.

PETER USTINOV
Kinder sind in der Regel gern bei ihren Großeltern – vielleicht liegt das daran, daß Alte sich mit außergewöhnlicher Klarheit an ihre Kindheit erinnern. Es scheint so eine Art metaphysischer Verbindung zu geben zwischen den Geheimnissen der Geburt und denen des Todes. Eltern aber, wenn sie sich im Zenit ihres aktiven Lebens befinden, sind am weitesten von jenen Grenzen entfernt, die wir alle ungefragt überschreiten müssen. Sie werden am wenigsten von ihren Instinkten geleitet. Sie fegen das Reflexive, das Poetische, das Unklare als Verschwendung wertvoller Zeit einfach vom Tisch. Sie bewegen, erwerben oder verlieren Vermögen, sie schnitzen das, was sie für ihre Zukunft halten, aus der Gegenwart heraus und überlassen die lebenswerten Albernheiten den sehr Alten und den sehr Jungen.

ALFRED HRDLICKA
Von Erziehung halte ich überhaupt nichts. Ich kann gar nicht erziehen, ich fress' ja in der Öffentlichkeit mit Händen. Die

Kinder, bereits lebenstüchtig eingeschüchtert durch den Anstand ihrer Eltern, schauen im Restaurant herüber und flüstern: Wie der Mann dort frißt! Ich greife auch mal auf andere Teller hinüber, und besonders gern bin ich beim Italiener: Da häng ich mir die Makkaroni genüßlich in den Mund hinein. Es gibt Kinder, an deren Blick spüre ich, daß sie sagen möchten: Endlich ein Mensch!

UWE STEIMLE

Mein Vater Karl-Heinz war bei der Armee, stationiert bei Flöha und Frankenberg, bei den Panzern. Eigentlich aber hatte er unbedingt Förster werden wollen. Er hätte studieren müssen. Ging aber nicht, weil Großvater, sein Vater also, in den fünfziger Jahren in den Westen abgehauen war. Vater war am Ende nur Stabsfeldwebel. 1989 wurde er entlassen – und dennoch blieb er: als Pförtner, als Pförtner bei der NVA. Zum Schluß, als sich die Nationale Volksarmee auflöste, war er immer noch Pförtner, nun aber bei der Bundeswehr. Vom Volksarmisten zum Pförtner beim Klassenfeind, das habe ich immer als zutiefst deutsches Schicksal empfunden. So viel unerbittlich Komisches in dieser Geschichte von Anfang an steckte, so tragisch endete sie: Mein Vater hat die Wendung der Geschichte nicht verkraftet, er nahm sich 1992 das Leben.

PETER USTINOV

Als ich Kind war, wir lebten in Estland, da gab es hausgemachten Joghurt, und mein Onkel scheuchte immer die Fliegen vom Topf. Erst schaute ich zu, später drosch ich mit Wollust auf die Fliegen los. Nie werde ich vergessen, was mein Onkel damals zu mir sagte. „Es ist besser, wir werden ein wenig krank, als daß du Lust am Töten bekommst. Jag die Fliegen weg, aber erschlag sie nicht." Zweifellos eine sehr einfache Wahrheit. Mit ihr lebe ich heute noch.

DOROTHEE SÖLLE

Meine Eltern hatten sehr viele jüdische Bekannte in Köln. Ich erinnere mich an den Geburtstag eines meiner Brüder;

es ging darum, einen ganz bestimmten Jungen einzuladen. Wir Kinder wollten nicht, wir meinten, der sei doof. Doch meine Mutter, die sich sonst sehr liberal unseren Wünschen gegenüber verhielt, sagte kurz angebunden, keinen Widerspruch duldend: Der wird eingeladen, basta! Das war mir unbegreiflich. Später hat sie es mir erklärt: Den lädt sonst nie jemand ein. Er war Halbjude. Wir wußten das nicht.

HELMUT FRENZ
Nach Lateinamerika bin ich 1965 gegangen, nachdem ich fünf Jahre lang Gemeindepfarrer in einem Dorf gewesen bin, in Landkirchen auf der Ostseeinsel Fehmarn. Das deutsche Wirtschaftswunder lief auf hoher Welle, ich war in ein großes Pfarrhaus eingezogen, elf Zimmer und ein parkähnliches Grundstück. Auch in den Kirchenkassen klingelte das Geld, die Glocken wurden elektrifiziert, die Gehälter angehoben. Und gleichzeitig kamen die ersten spärlichen Nachrichten aus der Dritten Welt, dieses Wort wurde damals gerade geprägt. Es kam also Kunde von Elend und Hunger, von Verfolgung und Ungerechtigkeit – das traf mich in dieser Situation des Wohlstandes und der sozialen Sicherheit. Meine Familie und ich standen vor der Frage: Richten wir uns jetzt ein, oder sind wir noch einmal bereit, uns zu lösen? Meine Frau und ich haben uns daraufhin gelöst; mit unseren vier kleinen Kindern sind wir nach Südamerika gegangen, nach Chile. Ich bin mehrmals mit Allende zusammengetroffen, das war einer dieser barmherzigen Menschen, die sich von den Blicken der Armen treffen und bewegen lassen. In Lateinamerika ist es ein sichtbares Zeichen von Armut, wenn ein Mensch barfuß geht. Allendes Frau, wir nannten sie Tencha, startete eine Kampagne, daß jedes Kind mit dem Eintritt in die Schule ein Paar Schuhe bekommt, gratis. Die Gesichter dieser Kinder vergesse ich nie – obwohl die Füße erst mal wehtaten, denn es waren Lederschuhe, und die Kinder hatten ja noch nie einen Schuh am Fuß gehabt. Das sind Momente, für die es zu leben und zu verzichten lohnt.

GEORG RINGSGWANDL

Meine Kindheit war, wie's Leben ist. Wenn mein Vater mir eine runterhaute, lernte ich die Welt kennen: Ich maß die Küche aus, in der Luft liegend. Der Lehrer hat meine Schwester aus der Bank 'zerrt, die hat eine Mathematikaufgabe nicht lösen können, und da hat er die Tafel abgewischt mit ihren Haren. Von den Lehrern war der erste Nazi, der zweite ein Säufer und der dritte Nazi und Säufer zugleich. Der erste tat dem dritten nichts, der dritte tat dem ersten nichts, und dem zweiten tat auch keiner was, weil der zu viel über den ersten und dritten wußte. Aber das war besser als der Piß, der sich heute Wärme nennt. Die Welt als Waldorfschule, lauter lasche Typen, die sauber ihren Müll trennen und gut töpfern können. Alles eine einzige Uniform, von der Frühstücksmargarine bis zum Nachthemd. Der Höchstgrad an Lebensnähe ist erreicht, wenn die Stadtteilgruppe darüber diskutiert, wie man ein Drahtgitter um den Sandkasten aufm Spielplatz anbringt – damit die Katzen nicht hineinscheißen können. Mich wundert, daß der Bundestag dazu noch immer schweigt.

WERNER SCHNEYDER

Der Mensch mit Haltung wird meistens in der Familie geboren. Aus Notwehr. Man sieht die Verlogenheit im Elternhaus, beobachtet, wie vor der Doppelmoral eine Fassade hochgezogen wird – und wird rebellisch. Ich hörte von Mutter und Großmutter immer wieder diesen einen Satz: Wenn du dich nicht änderst, wirst du dich schön anschauen. Ein Originalzitat. Die Pädagogen aller Couleur machen einen entscheidenden Fehler: Sie sagen solche Sätze exakt ein Mal zu viel.

JOCHEN SENF

Ich bin als Kind kaum registriert worden. Ich war neben meinen Brüdern quasi ein unsichtbarer Mensch. Jahrelang bin ich zum Beispiel schwarz Motorrad gefahren. Was da alles hätte passieren können! Was andere als Freiheit gefeiert hätten, bestürzte mich eines Tages: Keine sorgende Nachfrage von seiten meiner Eltern. Mein Vater war Minister. Er war nach außen der berühmte Vater, aber nach innen, in die Familie hinein: ein rücksichtsloser Mensch. Zu dem ich nur sagen konnte: Mich kriegst du nicht! – Das ist der entscheidende Zwiespalt, den ich kennenlernte: auf der einen Seite die hochintelligente Art, Karriere zu machen, gesellschaftliche zu strahlen, ein Mann, der im Briefwechsel mit Kennedy stand – auf der anderen Seite die Niedertracht, das familiäre Desinteresse. Als Kind habe ich zu Hause bei uns oft solche Leute erlebt und gesehen, habe erlebt, wie im Privaten Masken fielen und Demokraten Tyrannen wurden. Seither vermute ich unter jeder besonders gepflegten großbürgerlichen Fassade – Sumpf.

ROBERT MENASSE
Ich bin geneigt, den Anfang von Trotzkis Autobiographie zu zitieren: Daß eine Kindheit glücklich ist, steht nur in den Büchern von Privilegierten. Ich hatte als Kind zunächst ein entscheidendes Gefühl, nämlich: gewollt zu sein. Aber dann bekam ich eine unglückliche Kindheit verpaßt – meine Eltern gingen auseinander; soziale Absicherungen für alleinerziehende Mütter gab es fast gar nicht. Meine Mutter hatte die Wahl, zu arbeiten und mich fortzugeben oder mich zu behalten und so zu verelenden. Ich wurde zum organisatorischen Gefühl, und das spürte ich. Daraus erwuchs wehrlose, aber auch willenlose Fügung in alles, was mir widerfuhr. Dieses stumme Hinnehmen war eine bittere Erfahrung, wurde aber irgendwann glückliche Prämisse: Man nimmt plötzlich nicht mehr alles hin. Ich bin bis heute jedesmal aufs neue frappiert, wenn Menschen stolz darauf sind, daß sie funktionieren. Wenn sie genau wissen, was sie an Anpassungsleistungen zu vollbringen und wie sie ihre Demütigung erfolgreich zu verdrängen haben.

STING
Es ist bitter, daß alle meine Tourneen an meinen Kindern vorbeiführten. Das ist das Defizit meines Lebens. Mir gefällt an Kindern etwas, das Charlie Chaplin das Stadium der Verantwortungslosigkeit nannte. Sie befreit, und sie verwandelt

ernste Mienen in Gesichter. Aus diesem Gefühl heraus, frei von Verantwortung zu sein, entwickeln Kinder ihr Spiel, ihre ungehemmte Phantasie. Ich finde es so erschreckend, mit welcher Hastigkeit, mit was für einem Eifer die Erwachsenen darauf drängen, Kindern Verantwortung zu übertragen – damit sie ja schnell den Anschluß ans Unglück, an jene Angestrengtheit gewinnen, die uns selber so unfrei und unfreundlich macht.

JOCHEN GERZ

Die ersten drei sind die gefährlichsten Lebensjahre. Weil es die wehrlosesten sind, in einer gleichsam idealen Welt: Man weiß nicht, was die Dinge bedeuten, hat keine Wörter. Der ganze Anfang der Kindheit ist eine eklatant strahlende Angelegenheit, weil man sich in der Mitte der größten Gefährdungen doch sicher fühlt. Die Nerven werden erst etwas später geboren.

GERHARD GUNDERMANN

Was mich am meisten erschreckt, ist die Tatsache, daß schon so viele Kinder still und dumpf auf dem Bauch im Sand in der Sonne liegen können.

ARMIN STOLPER

Wie man Kommunismus und Christentum miteinander verbinden kann – dafür ist mir mein Vater ein Vorbild geblieben. Wenn er ein Stück Fleisch auf den Teller kriegte, zerschnitt er es und gab die Hälfte meiner Mutter zurück. Sie konnte ihm ein noch so kleines Stück geben – immer die gleiche Prozedur. Als ich ihr mal riet, dem Vater gar kein Fleisch mehr zu geben, sagte sie, das hätte wenig Sinn, auch in diesem Falle würde er ihr die Hälfte zurückgeben.

CHRISTOPH SCHLINGENSIEF

Mein Vater hat sehr oft Krieg gegen sich geführt, zum Wohle unserer kleinbürgerlichen familiären Existenz. Das nennt man Selbstbeherrschung. Heute kann er die Welt nicht mehr sehen - aber er liebt sie noch immer. Deshalb baute ihm die

Welt einen Experimentalfilmprojektor, der ihm sehr viel Freude macht, ihn aber auch oft in die Verzweiflung treibt: Eines seiner Augen ist total kaputt, und beim anderen gibt es aufgrund von Lasereingriffen ziemliche Glaskörpertrübungen, die wirken eben wie eine Art Projektor. Und das Ding kann man nicht abschalten. Er sieht also ständig Bilder in abstrakter, farbig zerfetzter, aufgelöster Form – den gesamten Futurismus durchlebt er, als Hölle. Er muß sich, durch diese Augenkrankheit, sozusagen auch alle meine Filme ansehen, Tag und Nacht. Das ist furchtbar. Das Schicksal meines Vaters ist ein dunkler Fleck auf meiner Seele.

PETER SLOTERDIJK

Woran ich glaube, ist eine Revolte der Eltern. Eltern sind die letzten Traum-Politiker in dieser Welt, weil sie an der Utopie der Fortpflanzung festhalten. Eltern sehen zum Beispiel, daß das Schulsystem immer schlechter wird und daß man die Schüler vor den real existierenden Lehrern schützen muß. Schüler – das sind die, die durch die Hölle der Sitzerziehung gehen, eine Hölle, eingerichtet von Erwachsenen, denen man ansieht, wie unglücklich sie ihre Sache tun. Ich schaue mich um in Schulen und Universitäten, sehe die begabten Kinder und frage mich: Wie war es möglich, all diese wunderbaren Menschen so zu verarmen.

Siege, Scheitern

HANS-PETER DÜRR

In der wissenschaftlichen Arbeit habe ich gelernt: Was immer ich mir vornehme – es ist von der Art eines Polarsterns, den ich nie erreichen werde. Aber ich kann ihn als Orientierung für ein Stück des Weges nutzen. Zu oft nehmen wir Scheitern zu absolut. Oft entspricht unser Handeln dem Versuch, einen Nagel einzuschlagen. Ich schlage einmal und sehe, der Nagel ist nicht drin. Ich muß einfach wissen, daß es mehrerer Schläge bedarf, und ich machte den ersten Schlag. Nur den ersten Schlag! Vielleicht macht irgendjemand irgendwann den zweiten und dritten – und treibt den Nagel in die Wand. Was wir Scheitern nennen, ist Erfahrung, und die Welt hat sich verändert mit unserem ersten schwachen Versuch mit dem Nagel. Man ist mit einem Problem umgegangen, hat die Schwierigkeiten erfahren, und das Bewußtsein hat sich um ein Quentchen erweitert.

PETER SLOTERDIJK

Es ist ein Fehler, wenn Menschen sich leichter geben, als Menschen sein können. Aber ein Fehler wäre es auch, die Tragödie vom Zaun zu brechen, nur damit wieder alles würdevoll hart wird, und damit wir uns wieder mit dem ontologischen Adel des Schweren schmücken dürfen. Ich kann mir nicht helfen, mir kommt das einfachste Leben schwer genug vor.

STEPHAN HERMLIN

Ich hatte immer vor, einfach nur durchzukommen. Die Erfahrung Faschismus hat mich, wie viele andere auch, in Situationen gebracht, die außerhalb des eigenen Willens lagen, die also irgendwie bestanden werden mußten. Das hat sich als eine Lebenshaltung hergestellt, die nicht die schlechteste war. Daraus erwächst irgendwann eine gewisse Gelassenheit.

FRANK CASTORF
Ich mag Marathonläufer. Dieses Bekenntnis zur Überanstrengung – bis der Körper nicht mehr lügt. Im Moment der Überforderung fällt alles Falsche ab, und die Wahrheit kommt. Kohl sah so gesund und unangegriffen aus, weil er von der Gesellschaft nicht gefordert wurde, geschweige denn überfordert. Der Mann produzierte genau das Abbild der Gesellschaft. Es wäre aber die eigentliche Arbeit der Politiker, sich der Überforderung und damit der Ersetzbarkeit auszuliefern.

CHRISTOPH DAUM
Es gibt viele Situationen im Leben, in denen es einem dreckig geht. Wo du meinst, du bringst nichts zustande. Da sag ich, hol mal alte Bilder raus – wo du im Urlaub warst, wo du was Tolles erlebt hast. Positive Erinnerung hilft Gleichgewichte schaffen. Erinnere dich an gelungene Arbeit, hol dir gegen alle jüngste Erfahrung die Gewißheit zurück: Ich kann's ja! Es gibt genügend Leute, die dich mögen, erinnere dich daran, such sie auf, sprich mit ihnen. Du hast deine Daseinsberechtigung! Auch wenn es dir im Moment ganz schlecht geht, ist es gut, daß du auf dieser Welt bist.

REINHOLD MESSNER
Die wichtigste Voraussetzung, die der Mensch für ein vernünftiges Verhältnis zur wilden Natur erfüllen muß, ist nicht Geld für Eroberung und Absicherung, sondern Angst. Wir gutsituierten Europäer sind sterile Menschen. Wir haben keine konkreten Ängste mehr. Was meinen Sie, was los wäre in den Großstädten, wenn der Strom plötzlich ausbliebe, wenn mit einem Male alle Heizungen versiegten, und es herrschten zwanzig Grad unter Null. Die Leute verhungern auf der Straße, sie erfrieren in ihren Wohnungen. Da die Zivilisation keine Ahnung mehr hat von bestimmten Gefahren des Ursprungs, und da ihr also nicht mehr bewußt ist,

was passieren könnte, hat sie nicht einmal Angst davor. Die Angst aber ist ein großes Motiv für Leistung. Ich fürchte immer, daß ich zu schwach bin, zu nervös, zu ungeschickt. Das sind Vorängste. Ich weiß: Nur wenn ich mich im Wissen um diese Ängste anstrenge, werde ich draußen am Leben bleiben. Und sehr froh sein. Trotz meiner Schwäche, trotz meiner Ungeschicktheiten.

DANIEL LIBESKIND

Wenn jemand etwas mit der Absicht anfängt, ewige Werte zu schaffen, wird er wohl bald vergessen sein. Nur das hält sich, was die Verfallsmöglichkeit einschließt.

BARBARA THALHEIM

Nach zwei schweren Operationen, die ich hinter mir habe, werden sich meine Ärzte an den Kopf fassen, daß ich mich so in neue Arbeit stürze. Aber jeder muß sein Reservat fürs Zurückfinden ins Leben selber finden. Was der Mensch denkt, bestimmt sein Schicksal. Und im Moment denke ich: Was glücklich macht, ist wichtiger als das, was gesund macht. Aber vielleicht macht ja gerade das gesund, was glücklich macht.

ANDREA BRETH

Alle reden von Lebenserwartung, keiner mehr von der Erwartung ans Leben. Aus dem Kampf ums Dasein wurde der Kampf ums Obenaufsein. Ist der deutsche Mensch heute glücklich, will er morgen überglücklich sein. Im Ausland geht es vielen schlechter, aber die Laune ist überall in der Welt besser als bei uns. Den ganzen Tag wird hier um den Platz an der Sonne gekämpft, und keiner freut sich mehr, wie schön sie untergehen kann.

REINER CALMUND

Mich macht der harte Kampf um den Erfolg glücklich. Wen er nicht glücklich macht, der kann ihm freilich wunderbar aus dem Wege gehen, denn auch das andere Leben ist möglich: Weniger Medien, mehr Ruhe, abends fünfe fällt der

Hammer, da kommste nach Hause, und die Mutti drückt dir das Einkaufsnetz in die Hand. Ab und zu mal Besuch, und unten im Keller die Hobby-Handwerkerbank. Ach ja, Mallorca nicht zu vergessen.

GIOVANNI TRAPATTONI
Erfolg schwächt die Neugier. Wer zu gut lebt, stellt die Frage nach etwas Neuem nicht mehr. Erfolg macht glücklich, aber vorzeitig alt.

HELMUTH LOHNER
Ich glaube, trotz aller Erfahrung, an den permanenten Aufbruch. Man muß jeden Tag als neue Möglichkeit annehmen. Obwohl für mich jeder Morgen furchtbar beginnt – indem ich beim Rasieren in den Spiegel schauen muß. Ich mag mich nicht besonders. Dagegen hilft mir ein Satz von Nestroy, er ist so etwas wie mein Lebensmotto: „Und's ist alles nicht wahr." Natürlich ist doch alles wahr.

ERWIN GESCHONNECK
Schauspieler wollen nicht Gott sein, sondern Götter. Denn Götter haben Gott eines voraus: Sie erscheinen.

WERNER SCHNEYDER
Wenn ich die Bilanz meines Lebens ziehe, krampft sich mir alles zusammen. Aber es ist ein anmaßender Trugschluß, persönliche Resignation immer gleich auf die Welt hochzurechnen – so, wie alle Leute mit Liebeskummer zur Verallgemeinerung neigen, wir lebten in einer Zeit der erotischen Ödnis. Der Mensch ist trotz seiner vielen Wasser-Anteile eine derartig komplizierte Konstruktion, daß ich mir einfach nicht vorstellen kann, er brächte sich, nach diesem gewaltigen Aufwand der Entstehung, auf irgendeine blöde Weise um die eigene Existenz.

JOCHEN GERZ
Lebenssinn ist gut, aber schon die Suche danach ist Schwachsinn. Ich habe keine Lust, mein Leben damit zu verbringen,

ständig einen Sinn zu suchen, von dem ich garantiert erst eines sehr späten Tages weiß: Danach also hätte ich leben sollen. Es ist schön, wenn man rechtzeitig vor der eigenen Sinnwut kapituliert.

MARTIN WUTTKE

Bestimmte Leute am Rande dieser Gesellschaft wollen sich nicht einfach in die Ecke hocken und zugeben: Wir haben ein beschissenes Leben, Punkt. Verständlicherweise tun sie alles, um dieses beschissene Leben, das sich so schnell nicht ändern wird, zu rechtfertigen. Dazu brauchen sie ein Feindbild, das sie in genau der Lage bestätigt, in der sie sich befinden. Sie werden verachtet, sind draußen, aber sie wollen wenigstens den Grund fürs Gehaßtwerden selber vorgeben. Das ist die letzte Möglichkeit von Souveränität: das Vorurteil selber produzieren. Ich bin ein sogenanntes Schlüsselkind. Meine Mutter starb früh, sie hatte Krebs, ich war mit meinem Vater allein, der ging oft auf Geschäftsreisen, ein schlechter Schüler war ich auch, mit langen Haaren, oft barfuß und mit einer gewissen Lust an Opposition. In so einer Lage kann man ganz schnell draußen sein, vom ersten Moment an chancenlos, da müssen nur ein paar unglückliche Zufälle zusammenkommen. Ich habe Glück gehabt; ich begegnete, aus nicht genau definierbarem Kontext, der Droge Theater. Andere Drogen sind halt lebensgefährlicher. Seither bin ich vorsichtig in der Beurteilung von Menschen, die wegdriften.

THOMAS OSTERMEIER

Was zum Beispiel jene tun, die kiffen, das ist lediglich die übersteigerte Form, das Konzentrat unseres eigenen Lebens in der Hoch-Zeit des triumphierenden Kapitalismus. Was der Junkie macht, machen wir alle: das mühsame Beschaffen und dann der Kick. Uns langwierig was erarbeiten für den kurzen Rausch des Konsumierens. Den lieben Tag lang weiß man, wie man funktionieren muß, um sich später mit irgendwas zu belohnen. Stundenlang im Job erträgt man Unzufriedenheit, weil man sich abends noch was Schönes gönnen wird. Mit der Aussicht auf den Kick rächt man sich an der Realität, die sich elend hinzieht. Junkie zu sein – das ist ein Kult der Freien. Du sitzt an der Straße und fühlst dich den Spießern überlegen, die morgens zur Arbeit hasten. Diese Idioten, sagst du dir, die leben vom Gehorchen – aber leben sie wirklich? Der Kult mit dem Stoff geht ja von Jim Morrison und Jannis Joplin bis zu Kurt Cobain, er zieht sich durch die gesamte Populärkultur des 20. Jahrhunderts, und das Heroin besorgt nicht nur den Kick, sondern verbindet dich mit dieser größeren Geschichte. Man ist Teil des Kults. Das gibt Kraft, auch wenn es einem nach bürgerlichen Maßstäben beschissen geht.

OTTMAR HITZFELD
Sport ist immer auch Erziehung zur Selbsterziehung, und das schließt ein, was auch bei der Familie wichtig ist: Es ist nicht die primäre Aufgabe von Eltern, ihre Kinder immer nur glücklich zu machen und glücklich zu halten. Es kommt darauf an, junge Menschen, die einem anvertraut sind, auf ein selbständiges, glückliches Leben vorzubereiten.

TÄVE SCHUR
Ich kann die Welträtsel nicht lösen. Lieber beschäftige ich mich mit meinen Enkeln oder arbeite.

GEORG RINGSGWANDL
Wenn jemand in seinem Leben schlimm dran war und dann eine Plastik baut, wo ein junges Schwein mit der Kettensäge zerschnitten wird, da sage ich mir, okay, diese Neurose akzeptiere ich. Aber wenn der Sohn eines Stuttgarter Zahnarztes mit dem Preßlufthammer Musi macht und damit seinen Haß auf die systemstabilisierende Kraft des Dreiklangs ausdrücken will – dem glaub ich die Pose des chronischen Stinkstiefels nicht.

PETER TURRINI
Jeder Mensch ist Gefangener eines Wahns, gegen den Vernunft keine Chance hat. Wer zum Beispiel liebt, arretiert den

anderen in seinem Wahn. In der Liebe trifft Wahn auf Wahn.
Schön ist dieser Zustand nur in merkwürdig unwirklichen
Zwischenzeiten. Meist jedoch ist man damit beschäftigt, sich
aus dem Wahngefängnis des anderen zu befreien. Es gibt
ein paar Dinge, die sind einem ins Gemüt gelegt, und es ist
besser, mit diesen Dingen Frieden zu schließen. Früher habe
ich mit großer Bedenkenlosigkeit die Veränderbarkeit von
Beziehungen betrieben. Aber es gab immer mehr Tränen als
glückliche Lösungen. Irgendwann wird man mit jenen Grenzen konfrontiert, die das eigene Wesen jeder Lust auf Veränderung entgegensetzt. Da entsteht Traurigkeit – die man
aber tragen muß.

ARMIN PETRAS

Nur, was einem ans Leben geht, hat man wirklich begriffen.
Muhammad Ali kämpft heute nur noch mit der Kaffeetasse.
Seine großen Hände zittern gigantisch, und er braucht eine
halbe Stunde, um die Tasse auszutrinken. Aber er hat keinen Tropfen verschüttet. Das nennt man einen großen Sieg.

ALBERT OSTERMAIER

Ich genieße die Auflösung von kollektiven Zusammenschlüssen – unter eine Idee, eine Weltanschauung. Ich kann diese
Auflösung genießen, weil ich nicht, wie Ältere oder Sozialisten, aus den Trümmern eines verlorenen Kontextes kriechen muß. Dieser Zustand des Fragments, das man selber
ist, und der Orientierungsfreiheiten – er liefert ein großes
Vokabular, um Dinge neu zusammenzusetzen. Meine Generation ist belastet von Aufklärung, die sich vom Endpunkt
her als Chronik des Scheiterns liest. Daher gelingt mir
Unschuld nicht mehr – diese Unschuld einer puren Behauptung, was alles an Gutem und Schönem der sogenannte Fortschritt bringen könnte.

THOMAS BISCHOFF

Bezogen auf Erfahrungen der Menschen, die einen Weltkrieg
überlebt haben oder Sachsenhausen, gehöre ich zu den
„Erfahrungslosen". Alles andere ist grundsätzlich subjektiv:

Etwas wirkt auf mich lächerlich, und einen anderen bringt es fast um. Kann ich Wirklichkeit unabhängig vom Subjekt, das sie empfinden oder erkennen muß, überhaupt definieren? Ich habe keine Antwort. Jeder Mensch hat seine Grunderlebnisse, die ihn prägen. Und selbst wenn diese fehlen, ist der Mensch geprägt. Nach 1990 haben mich vor allem Steuererklärungen geprägt! – Das sollte ein Scherz sein. Er ist mißlungen.

KONSTANTIN WECKER
Natürlich will ich vor vollen Sälen singen. Aber mich interessieren diese Scheiß-Charts nicht mehr. Ich brauche diese Steigerungsformen des Geschäfts nicht. Ich fühle mich den Absonderlichen und Ausgestoßenen, den sogenannten Narren und Spinnern näher als jenen Selbstdarstellern, die heute das Niveau der Gesellschaftstauglichkeit bestimmen. „Er ist reich und berühmt geworden", heißt es in einer Geschichte aus dem Osten, von einem, der auszog, sein Glück zu machen. Und weiter: „Der Ärmste. Laßt uns für ihn beten." Könnte man das Dasein nicht auch so betrachten?

CARLOS SAURA
Ich bewundere Menschen, die besessen sind, die sich in egozentrischer Versessenheit auf ein Ziel stürzen – und das immer mit einer Energie, die diesen Zweck und die dafür angewandten Mittel dafür zugleich in Frage stellt. Jeder Ehrgeiz trägt die Gefahr der moralischen Verfehlung in sich.

ISABELLE ADJANI
Ich fühle mich wie ein brüchiger Keks – der aber innen mit ganz weicher Schokolade gefüllt ist.

REINHOLD MESSNER
Natürlich weiß ich, daß der Traum, auf den Everest zu gehen, nur einen ganz kleinen Teil der Menschheit umfaßt, aber viele treibt halt ein anderer Wunsch. Der eine möchte gern durch die Sahara laufen, ein anderer möchte gern Bilder

malen, ein nächster möchte gern Musik machen. Die meisten Menschen – und das ist Teil der sozialen Zwänge unserer Gesellschaft – tun nicht, was sie tun müßten, um sich selbst treu bleiben zu können. Die freie Marktwirtschaft ist frei nur insofern, daß jeder mit Geld tun kann, was er will, aber der Rest stimmt nicht. Unsere Freiheiten sind sehr, sehr begrenzt. Wer Geld verdienen muß, um in München eine Wohnung zu halten und drei Kinder zu ernähren – dem ist der Zaun schon aufgestellt. Aber wer nicht drüberspringt, kann nicht sein eigentliches Leben führen. Und er trägt seine Träume in schlaflosen Nächten und grauen Tagen zu Grabe. – Ich gehe davon aus, daß der Mensch während seiner Zeit auf Erden nicht hundert Möglichkeiten hat, sondern eine. Die muß er finden, und wenn er sie gefunden hat, hat er die Chance, sich ohne Rücksicht auf anderes darauf zu besinnen. Das ist die Wegscheide jedes Lebens.

FRANK CASTORF

Überall nur Christentum, Moral, Tugend. Zu Risiken und Nebenwirkungen fragen Sie Ihren Apotheker, nur nicht die Regierung!

THOMAS BISCHOFF

Erfolg ist kurzlebiger als Ruhm. Traurig ist, daß der Erfolg nichts darüber aussagt, worauf er sich bezieht, auf welche Merkmale, auf welche Kriterien: Die Pest ist berühmt, sie hatte auch Erfolg. Erfolg ist eine Krankheit. Mehr nicht.

DOROTHEE SÖLLE

Vor kurzem traf ich einen jungen Mann, der erzählte mir, er hat im Fernsehen gehört, daß nicht nur 35, sondern über 50 Prozent aller Bäume an Abgas-Folgen sterben. Daraufhin hat er sein Auto abgemeldet. Mit einem dramatischen Schritt. Ich fand, das ist eine sehr schöne Geschichte. Die Heilung eines Blinden. So würde man es im Evangelium nennen. Plötzlich ist einer sehend geworden.

KLAUS PIONTEK

Ich bin ein Liebhaber des vierten Platzes. Dies ist der anstrebenswerteste Platz auf der Welt. Man jagt ein bißchen diejenigen, die unbedingt aufs Treppchen wollen, ist also ernstzunehmender Konkurrent – aber andererseits bleibt man weitgehend unbehelligt von Öffentlichkeit. Eine segensreiche Position. Weil ich mir sage: Wen interessiert das, was ich tue, zum Beispiel in Tokio? Diese Frage kommt mir bei allem, was ich für wichtig halte, jedesmal helfend und relativierend dazwischen. Ich bin kein Spitzenschauspieler, aber ich mache vieles sehr richtig. Und kann darüber glücklich lächeln. Ich verachte diese öffentlichen Streits, auch von Theaterleuten, aus denen Hochglanz-Magazine liebend gern ihre Fortsetzungsromane schmieden. Inzwischen erheben wir jeden kleinen Konflikt zum entlarvenden Gesellschaftsspiel, das den Journalisten ein Fest liefert. Menschen am Bahnhof Zoo fragen: Wo kriege ich den nächsten Schuß her? Mancher meiner Kollegen, gerade in Berlin, hechelt in ähnlicher Manier: Wo kriege ich das nächste Mikrofon her, in das ich brüllen kann? Da deutet sich Subjektverlust an. Ich frage mich, was so ein Mensch in der Kindheit erleben mußte. Wahrscheinlich wurde so einer schon im Laufgitter mit Projektionen bedrängt. Thomas Bernhard würde sagen: ein typisches Deutschen-Schicksal. Zum Glück hatte ich einen ungarischen Großvater und eine italienische Großmutter.

GÜNTER NETZER

Ich habe immer ein vernünftiges Verhältnis zum Ruhm gehabt: Im Grunde genommen bedeutet er nichts. Abschied aus dem Ruhm hat mir nicht weh getan, es war der Abschied aus totaler Vereinnahmung. Ich lebe mit meiner Familie und habe meinen Frieden mit mir. Das ist eine große Gabe: daß man sich nicht überschätzt, daß man sich nicht an Dinge heranwagt, die aussichtslos sind. Ich lasse mich nicht verbiegen. Bei Dingen, die ich widerwillig tun mußte, war ich nie gut.

JEWGENI JEWTUSCHENKO

Schönheit ist auf dieser Erdenwelt immer die Ausnahme, sie ist das Trotzdem gegen das Vorhandene, in allen Zeiten. Auch über einer verfallenen Stadt geht ein wunderbarer Mond auf. Oder jemand klagt über die Bitternis, ganz unten in der Tiefe des Lebens, aber da sagt neben ihm jemand, ganz leise: Schau nur, dieser elende Sturm draußen hat aufgehört.

DIETER MANN

Man kann lernen, daß man den Erfolg zwar anbeten darf, aber nicht sein Sklave werden muß. Bei meiner ersten großen Hauptrolle in „Unterwegs" ging ich jeden Tag an einer Litfaßsäule vorbei, in der Nähe meiner damaligen Wohnung, und da hing ein großes Ankündigungsplakat. Ein wahnsinniges Gefühl! Am Premierenabend war die Garderobe voller Geschenke – Bücher, Schallplatten, Briefe. Es gab Umarmungen und Glückwünsche. Am nächsten Abend die gleiche Garderobe: aber alles leer. Und Ernst Kahler – Gott hab ihn selig, diesen wunderbaren Kollegen! – legt mir beim Weg zur Bühne den Arm um die Schulter und sagt: Siehste, Dieter, ab jetzt ist es Arbeit.

JOCHEN SENF

Ich sammle Momente aus Zufriedenheit. Und die stellt sich ein, wenn ich ohne äußere Zwänge irgendwo sitze, mit Schreibmaschine, einem Blick in eine gute Gegend, am liebsten bei Sonne, bei einer Flasche Rotwein. Wohnung als Eigenwert hat mich nie interessiert. Ich bin ein wahrer Marxist: Besitz belästigt mich. Natürlich frage ich mich kurz vor der Rente: Warum habe ich kein Haus? Denn die Kräfte lassen nach. Aber dann sage ich mir: Du hast immer aus dem Augenblick heraus gelebt, und dir sind somit Genüsse zugewachsen, die vielen anderen verborgen bleiben. Sollen die doch in ihren Sicherheiten sitzen. Glücklicher sind die meisten nicht. Freier auch nicht. Freilich: Ich habe das alles bezahlt mit einer gewissen Beziehungsarmut. Die einen öffnen sich, weil sie Halt suchen; andere bauen dicke Mauern um sich, obwohl sie doch auch Halt suchen. Ich habe Mauern gebaut. Irgendwann spürt man sich selbst nicht mehr. Ich habe in solchen Situationen dann immer Reisen gemacht – so wurde aus Einsamkeit wieder Freiheit.

THOMAS BISCHOFF
Mir ging es noch nie so gut, und mir ging es noch nie so miserabel. Vor einigen Jahren hätte ich in der Selbstanalyse jede Andeutung von Glück ausgeschlossen. Die Qual als Prinzip, als Zustand, der das künstlerische Arbeiten ermöglicht; davon war ich überzeugt. Ohne Qual und ohne Leiden keine Kunst. Ich hatte Angst davor, in irgendeiner Form Glück zu empfinden. Wenn ich verliebt war, interessierte mich nur noch die Liebe und nichts weiter. Das entsetzte mich, und diese Selbstvergessenheit beobachtete ich auch an anderen Menschen. Wieder war ich entsetzt. Ich ekelte mich vor denen, die liebten, die die Welt vergaßen und an sich selbst genug hatten. Selbstverständlich wollte auch ich verliebt sein. Nur anders. So war das; unabhängig davon, wie unsinnig ich das heute empfinde. Manchmal schäme ich mich der Kluft zwischen dem, was ich zu erzählen versuche, und dem, wie ich lebe. Es gibt Menschen, die behaupten, daß ich mich selbst in persönliche Katastrophen hineinarbeite, um diese Kluft zu verringern. Ich leugne das.

TONI SCHUMACHER
Am meisten ärgert mich eine Niederlage. Aber ich weiß, daß es noch etwas weit Schlimmeres gibt: zwei Niederlagen.

GEORG RINGSGWANDL
Man kann auch an Selbstbewußtsein verwahrlosen.

ADOLF DRESEN
Egal, wo man der Realität ins Auge blickt – eins zwinkert immer.

Alter, Tod

JENS REICH
Früher in der DDR freuten wir uns darauf, alt zu werden – um den Reisepaß zu bekommen. Schlimm, wenn man sich in die Sehnsucht treiben läßt, das Leben möglichst schnell hinter sich zu bringen.

KURT BÖWE
Wenn man älter wird, geht man gewissenhafter mit seinen Stunden um, die Erkenntnis wächst: Leben ist ein kündbarer Stoff. Was Zeit war, entpuppt sich als Frist. Man ist in den vielen Jahren zuvor so allerhand begegnet, dem Glück und der Gemeinheit, man hat das Doppelleben kennengelernt und den Betrug an sich selbst, man hat leere Stunden überwunden, ist auch mal zu weit aufs Meer hinausgefahren, um sich von draußen das bunte Treiben am Strand anzusehen. Du läßt die lineare Reihenfolge der Jahre außer acht, erfreust dich mehr und mehr und immer einspruchsloser an der Vielschichtigkeit der Welt, andere Bezüge werden sichtbar; plötzlich weiß der Mensch, daß sich das Wesentliche im Leben allzu oft weit hinter den äußerlichen Ereignissen verbirgt. Wir alle sind Zufallstreffer, und das macht mich demütig. Warum bin ich nicht derjenige, der scheu hinter einem Hotel dieser Welt nach Eßbarem sucht? Warum bin ich nicht derjenige, der morgen schon deportiert wird? Statt dessen bin ich jemand, der in Sorge über diese Welt zwar auch in Albträume versinkt, das aber doch sehr beruhigend in einem weichen Bett.

ULRICH WILDGRUBER
Ich bin traurig und entsetzt. Beides bleibt nicht aus, wenn man lebt. Man sitzt einigermaßen komfortabel herum – und woanders gehen die Menschen zugrunde. Wie nur behalte ich meine Lebenslust, wenn draußen einer in Armut stirbt? Mein Beruf des Schauspielers besteht ja auch darin, zu beob-

achten. Zu schauen und nichts ändern zu können, schmerzt mich mehr und mehr. Wie kommt man weg von der verfluchten Egomanie? Es gibt Fragen, an denen man sterben kann wie an Hunger.

JUTTA HOFFMANN
Eines Tages sprang ich am Deutschen Theater, in Berlin, im „Zerbrochenen Krug" ein, weil, Käthe Reichel sich den Fuß gebrochen hatte. Das erfuhr Inge Keller und nahm es auf sich, mich in der Garderobe zu besuchen, und nach der Vorstellung sprachen wir über die Arbeit. Ich dachte an unsere gemeinsame Fernsehzeit bei Falladas „Kleiner Mann – was nun?". Damals waren wir ganz ohne Obacht und glaubten, alles bliebe immer so schön unverbraucht. Plötzlich aber sieht man sich nach langer Zeit wieder und erschrickt: Zeit ist vergangen. Die Frist, die man hat, wird kürzer. Man hatte immer geglaubt, der Aufenthalt zwischen Vergangenheit und Zukunft dauere ewig. Aber Wirklichkeit ist ein Vernichtungsprozeß. Mit einem Male dann weiß man sich endgültig außerhalb einer schützenden Mitte, außerhalb einer scheinbar alterslosen Balance. Da reicht ein Blick in die Augen des anderen, und man weiß Bescheid. Und dann müssen wir immer ein bißchen weinen.

GERHARD GUNDERMANN
Ich habe einen Film gesehen, da sitzen irgendwelche zum Tode Verurteilte in einem Keller, und es kommt zu folgendem Dialog: „Du, willst du noch ein paar Backpflaumen?" – „Nein, da kriege ich immer Magenbeschwerden." – „Das ist doch jetzt egal, wir sind doch sowieso gleich dran." – „Man weiß nie, was die nächste Minute geschehen kann." Ja, es kann immer anders kommen, als vermutet. Das ist der Punkt, an dem ich an eine Art homöopathisches Weltsystem glaube. Es ist ja nie zur angekündigten totalen Katastrophe gekommen, sondern es gab stets Kräfte, die das wieder ausgeschwungen haben, was Menschen in den schlimmsten Weltbefürchtungsträumen in den Sinn kam. Ich nähme also die Backpflaumen, wann und wo auch immer.

JOHANNA SCHALL

Ich beschäftige mich um die vierzig Mal am Tag mit dem Tod. Denn so viele Zigaretten rauche ich mitunter.

PETER SLOTERDIJK

Der Tod ist der einzige Psychoanalytiker, den wir uns alle leisten können. Er bleibt uns treu, wenn die Krankenkassen große Analysen nicht mehr zahlen. Er hört zu, er wartet, er läßt uns kommen. Jeder, der eine Beziehung zum eigenen Tod aufbaut, hat die Chance, eine ehrliche Bilanz zu ziehen – denn er hat jemanden, dem er die Wahrheit über sich selbst sagen kann. Deshalb ist der Tod ein Alliierter der Philosophen; er steht uns bei, mit unserem pathetischen Wahrheitsbegriff durchzukommen. Wenn man den Tod wegläßt, werden alle Wahrheitsbegriffe flach und pragmatisch, und man endet früher oder später bei O. J. Simpson: Wahrheit ist die Fähigkeit, eine Lüge bis zum Ende durchzuhalten. Ohne Todesbezug wird auch die Religion schal und zu einer bloßen Psychotechnik, um besser an den eigenen Erfolg glauben zu können. Mein Verhältnis zum Tod wird im übrigen dadurch bestimmt, daß er die stärkste Erinnerung an die Geburt provoziert. Die eigene Ankunft in der Welt ist nicht erinnerbar. Mit der Geburt beginnt das andauernde Zur-Welt-Kommen, und der Tod macht deutlich, daß jedes Leben, wenn es endet, noch immer ein unvollendetes Projekt ist.

FRANK CASTORF

Es gibt eine Fallstudie: Ein Mädchen kämpft sieben Jahre lang gegen den Tod. Kurz vorm Sterben des Kindes schenkt der Vater der Tochter zum Geburtstag einen wunderschönen Kindersarg. Alles schreit auf, zeigt Entsetzen, nennt den Vater widerwärtig und unmenschlich. Aber gegen die Logik des Heuchlerischen hat der Vater mit dem Sarg eine Liebeserklärung versucht – eine Liebeserklärung an sein todkrankes Kind, das er nicht mehr lange hat. Er hat ein Tabu gebrochen: Krankheit und Verhalten dem Tod gegenüber zu moralisieren. Das sind Verhaltensweisen, die mich interessieren.

DANIEL LIBESKIND

Vor einiger Zeit las ich die Anzeige einer Frau, die den Tod ihres Mannes mit den Worten inseriert hatte: „Er lebte zu schnell." Da erschrak ich.

INGE KELLER

Die größte Begabung ist heute, auf der Welt zu sein, sie auszuhalten, mit einer gewissen Heiterkeit im Alter. In Wahrheit überlebt man nämlich nicht alles, von dem man behauptet, man habe es überlebt.

FRITZ MULIAR

Es ist eine Lüge, wenn behauptet wird, Selbstmord sei der Griff zur letzten Gewißheit. Nein, wer sich umbringt, läuft in einen Tunnel, von dem man nicht wissen kann, ob er hinten vielleicht zugemauert ist. Es könne aber doch mehr Mut bedeuten, sich allem zu stellen, was das Leben noch so fordert? Ach, das ist nur die Ausrede von uns Feiglingen.

DUSTIN HOFFMAN

Ich habe Angst vor dem Tod. Obwohl er gerecht ist. Denn am Ende ist das Leben ja wie ein Schachspiel: Der König und die Bauern enden alle in derselben Schachtel. Tschernobyl, Aids – so vieles hat diese Welt verändert. Selbst der Tod hat seine Gestalt verloren, er verschwindet als Figur, als Bild. Er ist farblos, geruchlos, lautlos geworden. Wir sehen ihn nicht, wir hören ihn nicht. Es ist ein freundlicher Sommertag, ein Luftzug geht, um uns herum ist die ersehnte Stille. Aber wir sterben – ohne die Hand zu sehen, die sich gegen uns erhoben hat. Es ist unsere eigene Hand, die sich gierig an der Schöpfung vergreift. Vielleicht sind dies die einzigen Helden dieser Zeit: die an Aids erkrankten Menschen, die gegen den Tod kämpfen. Sie führen einen Kampf für uns, die wir meinen, nichts mit ihrem Sterben zu tun zu haben.

WERNER SCHNEYDER

Ich verlor einen Freund. Den hat's bei einer öffentlichen Veranstaltung umg'haut. Am Abend zuvor saßen wir noch beim

Heurigen und sprachen über die Zukunft, machten sozusagen klar Schiff, für wen wir sind, gegen wen wir in den nächsten Jahren etwas tun müssen – es war eine intrigante Lebensplanung fürs Alter. Einen Tag später gab es für ihn das Alter nicht mehr. Das hat mich erschüttert. Die Konsequenz: keine Zeit mehr verplempern! Ich habe zum Beispiel jahrelang den großen Roman vor mir hergeschoben. Es existierte sogar ein Treatment. Gegen alle Anfechtungen der schnellen Zeit tröstete ich mich: Eines Tages schreibst du diesen großen Roman. Vor einem Jahr habe ich alle Skizzen weggeschmissen: Ich werde den Roman nicht schreiben. Die Welt wartet nicht darauf, und Romancier wird man nicht von heute auf morgen, da gehört ein Leben dazu. Es ist ein Triumph, wenn in einem selbst die Intelligenz über die Eitelkeit siegt.

ULI HOENESS
Es gibt in Michael Endes „Momo" so einen merkwürdigen Gedanken: Wenn man wirklich wüßte, was der Tod bedeutet, hätte man vielleicht keine Angst mehr vor ihm. Da ich nicht weiß, was der Tod bedeutet, habe ich Angst vor ihm.

GEORG RINGSGWANDL
In meinem Programm „Der Gaudibursch vom Hindukusch" ging's auch gegen Menschen, die es zu „Höxtleistunga" am Berge lockt: „Wenn sich der Gletscher unwirsch in seiner Kuhle dreht und ein paar Hoffärtige zermahlt ..." Konkret dachte ich an bayerische Alpenspezialisten, die im Himalaya gestorben sind. Eine unerträgliche Arroganz, mit der die da hochklettern. Die denken, man könne überall wohlberechnet herumwieseln, und sie meinen, es passiert ihnen nix, weil ja der Alpenverein hinter ihnen steht. Und dann klatschen sie herab, die bunten Ameisen. Mit einem feinen Lächeln Abschied nehmen von der Anmaßung – das wäre ein würdiger Abgang. Von allem, was sich der Mensch anmaßt, sollte er lieber rechtzeitig mit einem Lächeln Abschied nehmen. Bevor es rauschend in die Tiefe geht.

MARTIN KUSEJ

Vor ein paar Tagen hatte ich hier in Stuttgart ein Erlebnis, das diesen Urinstinkt in mir kräftig angetastet hat. Ich ging an einem Park vorbei und hörte Hilferufe. Ich dachte: Scheiße, jetzt hat das Schicksal dich rausgepickt, jemandem zu Hilfe zu kommen. Ich hab' den Schicksalsspruch angenommen, bin rein ins Gebüsch, und da wollten tatsächlich zwei Typen einen dritten abstechen. Ich muß sehr entschieden gewirkt haben, sie hauten ab, und das Fast-Opfer war gerettet. Ich habe nie erfahren, wer der Mann war. Der hat sich auch nicht bedankt. Muß er ja auch nicht. Als ich wieder allein war, dachte ich: Es hätte auch ganz anders kommen können, und vielleicht läge ich jetzt da kalt im Gras. Hamlets Satz, bereit sein sei alles, bekommt in so einem Moment plötzlich seine eigentliche Bedeutung. Er meint, einverstanden zu sein mit einem allwaltenden Fatalismus. Der zutiefst begründet ist, wenn man sich umschaut in der Welt. Diesen Fatalismus als gegeben hinzunehmen, muß aber kein Nachteil sein: Man kann nämlich fortan die Momente, da man noch verschont bleibt, weit intensiver leben.

WERNER SCHNEYDER

Gäbe es den Abstieg nicht, wären die Gipfel übersät mit erfrorenen Bergsteigern. Meine Frau sagt mir zwar eine gewisse Wehleidigkeit nach, aber meinen eigenen Abstieg werde ich mir unterhaltsam zu gestalten wissen – und sei es mit Wein. Absturz wäre der Tod, aber da kenn ich mich nicht so aus. Ich hoffe nur, daß ich ruhend sterben darf.

HARRY KUPFER

Der Tod war mir in meiner Kindheit derart nahe, daß er mir seitdem nie wieder zum quälenden Problem wurde. Meine Mutter hatte im Keller Zyankali. Während der Bombennächte in Berlin sagte sie zu mir: Wenn ich dir was zu trinken gebe, dann schluckst du das, und in zwei Sekunden bist du tot. Ich empfand das als Gewißheit einer großen Geborgenheit: Meine Mutter würde mich also vor Qualen schützen. Seither hat der Tod für mich seine Schrecknisse verloren.

NORBERT BLÜM

Der letzte Satz meines Vaters war: Gretel, es war alles sehr schön. Das sagte ein Mensch, der an entsetzlicher Atemnot litt. Der Satz, an meine Mutter gerichtet, war eine gewaltige Anstrengung. Aber daß er ihn sozusagen aus sich herausarbeitete, unter Qualen, mit dieser letzten Kraft, das hat meinen Vater zum glücklichsten Menschen erhoben, den ich je erlebte. Welch ein Trost, seine letzte Energie für so einen Satz hinzugeben. Meine Mutter hatte einen Herzinfarkt. Kurz vor ihrem Tod redete sie noch einmal auf ihre typische Art übers Leben: Im Kühlschrank sei noch Fleischwurst. Dieser Frau wurde alles zur Praxis. Es ist eine Gnade, wenn das Sterben so mit dem Gelebten übereinstimmt.

CLAUS PEYMANN

Mit der Sterblichkeit des Menschen wird die Unsterblichkeit der Komödie bewiesen. Es war im Winter. Ich saß bei Thomas Bernhard im warmen Zimmer. Vögel pfiffen, ja, irgendwo pfiffen Vögel, und wir machten uns gegenseitig darauf aufmerksam, und wir wußten doch beide, daß es unmöglich war. In dieser Jahreszeit! Es war Bernhards todkranke Lunge, die da so wundersam pfiff. Bitter, tragisch – aber wir haben schallend gelacht, und wir haben sehr lange gelacht. Die bittersten Momente enthalten das Groteske wie etwas ganz Selbstverständliches.

GÉRARD DEPARDIEU

Ein Winzer stirbt. Kurz bevor er den letzten Atemzug tut, ruft er seine Söhne herbei und sagt ihnen, im Weinberg läge ein riesiger Schatz. Der Mann stirbt, die Söhne poltern los, sie graben und wühlen, die Weinstöcke liegen schließlich entwurzelt auf der Erde, alles ist zerwühlt – eine Ernte wird dieser Weinberg nie wieder hervorbringen. Das aber wäre der Schatz gewesen. Dieses Gleichnis zeigt, wie wir leben, wie verhängnisvoll wir vermeintlichen Schätzen nachjagen.

ULI HOENESS

Franz Beckenbauer glaubt an Reinkarnation. Ich nicht. Ich habe mich aber auch nicht wie Franz mit Konfuzius beschäftigt. Konfuzius nennt als Lebensregel: Man besiegt den Gegner am besten, indem man erst gar nicht gegen ihn kämpft. Das ist nach meinen Erfahrungen nicht der günstigste Ratschlag für Fußballer.

JENS REICH

Eine meiner Hoffnungen ist, daß Sterben in Frieden geschieht, ohne jenen zornigen, hilflosen Widerstand, den ich als Arzt bei vielen Menschen erlebt habe. Ein Ziel der Medizin sollte es sein, daß das Abtreten von dieser Welt jener wohligen Müdigkeit ähnlich wird, mit der man in den verdienten Schlaf sinkt. Und danach? Das Tröstlichste, was man über den eigenen Tod denken kann, stammt von Epikur: Solange er, der Tod, nicht da ist, sind wir da. Wenn er da ist, sind wir nicht mehr da.

CARL HEGEMANN

Die Gewißheit individueller Sterblichkeit ist für einen materialistischen Denker eine größere Krux als der Zusammenbruch des Ostblocks. Es ist dich keinem mehr klarzumachen, sich für ein übergeordnetes Ziel zu opfern, wenn die gleiche Theorie behauptet, es gäbe nur endliches Leben. Der Tod ist ein antiutopisches Faktum. Was ist denn der paradiesische Zustand, den die kommunistische Utopie letztlich anstrebt? Man will keinen Widerstand mehr spüren. Frei nach Hölderlin: eins sein mit allem. Aber das ist nur im Tod zu schaffen. Im Reich alles Lebendigen muß man den Gedanken vom Paradies fallen lassen, auch den vom kommunistischen.

ALFRED HRDLICKA

Der eigene Tod geht mich nichts an. Ich erlebe ihn nicht. Mit dem fremden Tod aber lebe ich seit langem. Schon als Kind war er mir allgegenwärtig, als Staatsmacht. Nach dem Krieg sah ich den Tod in den Gesichtern der Kommunisten, die aus dem KZ kamen. All meine Geheiligten sind KZ-

Gestalten, denen die Schlüsselbeine aus dem Hemdkragen herausschauen. Aber wenn der Tod dominant ins Private hineingreift, wird es unbegreiflich. Meine Frau ist gestorben, aber ich begreife nicht, daß die Barbara weg ist. Ich weiß jetzt, wie grausam es ist, wenn man sich nicht vorbereitet auf etwas, das doch kommen wird. Gedacht habe ich, ich sterbe von uns beiden uerst. Ich habe den Tod weggedacht, und er ist gekommen wir eine Strafe. Mit dem Gefühl für die Endlichkeit, das wie eine Sintflut kam, überkam mich auch die Gleichgültigkeit für alles weitere Leben.

RÜDIGER NEHBERG

Ich will kein Grab, keine weinenden Menschen, keinen Blumenzwang. Grabpflege verpflichtet zur Ansässigkeit. Ich will meiner Familie nicht zumuten, sonntags, ausgerechnet dann, wenn alle Mittagsschlaf halten wollen, zum Friedhof dackeln zu müssen. Und ich will auch nicht, daß noch irgend jemand an meiner Beerdigung verdient. Soll man mit dem, was von mir übrigbleibt, ein paar lernwillige Medizinstudenten versorgen. Noch im Tode gibt es also Chancen, sich nützlich zu machen – in meinem Personalausweis befindet sich die Karte der Universität, der ich meine Organe vererbt habe. Es sei denn, ich sterbe im fernsten Wald. Dort erledigen Termiten an einem einzigen Tag alle notwendigen Aufräumungsarbeiten. Bei den Indianern aß ich Bananensuppe, die war vermengt mit der Asche der Toten. Das ist ein Zeichen der Liebe, so wird die Seele weitergegeben. Das Vorgefühl, auf diese Weise verspeist zu werden, gibt einem Sterbenden Frieden.

GEORG RINGSGWANDL

Häßlichkeit entsteht heute in Unmengen, weil nichts mehr so aussehen darf, wie es aussieht. Heute kann jeder Schneemann ein Solarstudio eröffnen, und vor allem die Alten strömen da hin und geben sich unterm Turbo der Illusion hin, ihren Verfall zu verlangsamen. Braune Krampfadern sind ja auch wirklich schöner als helle Krampfadern. Leichenbraun ist besser als leichenblaß.

V

LAUTER LETZTE FRAGEN

STEPHAN HERMLIN, *ist die Welt erkennbar?*
Ein einzelner Mensch begreift die Welt nicht. Man bleibt doch ein unvollkommenes Wesen und erfaßt seine Zeit mal durchaus richtig, dann wieder völlig unzureichend oder gar total falsch. Mit fortschreitendem Alter wächst einzig die Gewißheit, und sie ist vielleicht schon das höchste Gut an möglicher Erkenntnis: Nimm dich in acht vor eilfertigen Urteilen über Welt und Mensch.

RÜDIGER NEHBERG, *was ist in Ihren Augen Camping?*
Der schnellste Weg aus dem Bett zum Blick in den Himmel.

CHRISTOPH DAUM, *haben Sie mal darüber nachgedacht, was mit Ihrem Ehrgeiz geworden wäre, wenn Ihre Eltern 1956 nicht aus der DDR in den Westen abgehauen wären?*
Ja, dann wäre ich Verdienter Sportler des Volkes geworden.

DUSTIN HOFFMAN, *sehen Ihre vier Kinder in Ihnen einen Helden?*
Heiße ich Michael Jordan oder Scotty Pippen? Bin ich zwei Meter lang und spiele in der NBA? Vor ein paar Jahren, ich werde das nie vergessen, guckte meine fünfjährige Tochter fern, und plötzlich rief sie: Daddy, Daddy, da bist ja du zu sehen! Ich schaue hin und sehe – meinen Freund Al Pacino. So ist das mit den Kindern und dem Respekt vor ihrem Daddy.

WALTER JENS, *was müssen Sie noch unbedingt Ihrer Frau Inge sagen?*
Immer wieder dies: Sie möge mir diesen einen egozentrischen Gedanken verzeihen – ich wünsche, vor ihr zu sterben.

HANS-PETER DÜRR, *sind Niederlagen gute Lehrer?*
Die besten. Ich habe mit meinem Lehrer Edward Teller in den USA oft über den Wert von Niederlagen gesprochen. Nach dem Krieg war mir eine Welt in Deutschland zusammengestürzt, und ich habe zu Teller gesagt: Weißt du, was ich dir voraushabe? Du besitzt in deinem Leben nichts, bei

dem du das Gefühl haben mußt, dich grundlegend geirrt und verirrt zu haben. Sehr angenehm. Aber genau das versperrt dir den Zugang zur Vielschichtigkeit der Welt.

RIGOBERTA MENCHU, *was hieß bei Ihnen zu Hause, im guatemaltekischen Dorf, gute Erziehung?*
Daß man als Frau das Schultertuch nicht vergessen darf. Daß man nicht mit nackten Füßen über einen Teller hinwegsteigt.

ERWIN GESCHONNECK, *bereuen Sie etwas in Ihrem Leben?*
Nein, ich hatte immer die richtigen Freunde und immer die richtigen Feinde. Ich wurde von den Nazis mit Recht eingesperrt.

HANS MODROW, *wie entgeht man der Verführung durch Privilegien?*
Nimm von allem nur so viel, wie du und deine Familie unbedingt zum Leben brauchen. Dann fehlt dir nichts, wenn es mal wieder abwärts geht.

ARVED FUCHS, *was ist das Besonders am Reisen?*
Reisen ist nichts weiter als Risikoverlagerung: Ich kann in der Antarktis erfrieren – aber ich kann nicht von einem Auto überfahren werden.

REGINE HILDEBRANDT, *wer sollte Politiker werden?*
Es sollten überhaupt nur Menschen, die glücklich sind, eine Verantwortung übernehmen, die sich auf das Leben anderer Menschen richtet. Sonst verschleppt man eigenes Unglück, überträgt eigene Mißmutigkeit auf andere und kann nicht schöpferisch sein.

FRANK CASTORF, *warum haben Sie kein Auto?*
Wollte ich nie haben, auch kein Grundstück – weil ich eine kleinbürgerliche Grundstruktur und also Angst habe und es als großen Verlust empfinden würde, diese Dinge eines Tages womöglich zu verlieren. Freiheit beginnt, wo man sich vor Zwängen schützt.

Daniel Libeskind, *woran denken Sie bei den vier Jahreszeiten?*
Frühling: Der erste Gang barfuß durch nasses Gras. Winter: Ein Wollhandschuh im Schnee. Sommer: wie eine Eidechse sein – feindlos auf einem Stein liegen. Herbst: der Wunsch, wenn es dämmert, nicht als Letzter einen Stadtpark zu verlasssen.

Wolfgang Ullmann, *was ist das für Sie – ein anständiger Mensch?*
Er besitzt die Fähigkeit, im richtigen Moment Ja und im richtigen Moment Nein zu sagen. Wer immer Ja sagt, verliert seine Würde und verliert sich in der Masse. Wer immer Nein sagt, endet isoliert und kommt auch an den Punkt, an dem der Starrsinn beginnt. In der Gabe, laut und deutlich Ja wie auch Nein sagen zu können, drückt sich am klarsten und folgenreichsten menschliche Freiheit aus.

Täve Schur, *war die Niederlage des Sozialismus eine Folge unfähiger Politiker?*
Idioten haben an allem ihren Anteil. Wo aber nun der erste Idiot zu suchen ist, weiß ich wirklich nicht. Ich würde ihn allerdings weit im Osten suchen.

Dustin Hoffman, *wollen Sie geliebt werden?*
Die meisten Menschen sind glücklich, wenn sie von einem einzigen Menschen geliebt werden. Das ist ja schon viel, was man erreichen kann. Der Schauspieler frißt Liebe, er will, daß ihn die gesamte Welt liebt. Das muß verhängnisvoll enden.

B. K. Tragelehn, *glauben Sie noch an eine Kunst der Aufklärung?*
Hab ich nie dran geglaubt. Man darf eine Geschichte nicht erklären. Das weiß jeder Witzeerzähler. Erklärung von der Bühne bedeutet Kolonisierung des Publikums. Sagen lassen sich die Leute nichts, erzählen lassen sie sich alles.

Andrea Breth, *warum haben Sie keinen Fernseher?*
Ich fürchte mich vor zu viel Schwachsinn, und letzten Endes

hätte ich das Gefühl, mit lauter falschen Leuten den Abend und die Nacht verbracht zu haben. Ich mag kein Leben, das schon am Morgen als Vorabendserie beginnt.

UWE STEIMLE, *ist Anpassung ein Menschenrecht?*
Es gibt Menschen, die geben sich beim Anpassen auf, andere werden gegerbt. Die einen kriegen im Laufe ihres Lebens was von einem krummen, aber zähen Stück Holz, andere haben nach Prozessen der Anpassung nur noch Sägemehlqualität. Die Kunst besteht darin, sich anzupassen, ohne auseinanderzufallen.

HELMUTH LOHNER, *was geben Sie aufs Urteil anderer Menschen?*
Man darf nicht immer nur daran denken, was die anderen über einen denken. Das ist Kapitulation. Andere urteilen über einen oft so, daß sie selber dabei besser wegkommen. Also ist man verloren, wenn man ihrem Urteil nachgibt. Tritt auf als der, als der du selber angesehen werden willst!

VALENTIN FALIN, *ist der Sozialismus an sich selbst gescheitert?*
Wir haben den Menschen überschätzt, das war unser Fehler. Aber wir haben ihn nach seinem wahren Wert überschätzt, das bleibt unsere Tugend.

EDMUND HILLARY, *trauern Sie alten Zeiten nach?*
Nein, dazu waren sie zu glücklich. Charles Dickens hat einmal gesagt, die Vergangenheit müsse man heiter vernichten können. Er verbrannte mit fünfzig Jahren die meisten seiner Briefe, und in der heißen Glut haben seine Söhne Zwiebeln gebraten. Dieses heitere Verhältnis zur Vergänglichkeit gefällt mir.

STING, *was werden Sie im Alter machen, kurz bevor die letzte Tournee zu Ende ist?*
Vielleicht gründe ich ein Altersheim. Dort dürfen Sänger und Dichter wohnen und Karten spielen. Aber das Sinnvollste, was sie tun können, ist, sich gegenseitig darauf aufmerksam zu machen, daß draußen ein junges Mädchen vorbeigeht.

DUSTIN HOFFMAN, *was werden Sie mit achtzig, neunzig Jahren machen?*
Wie sagte doch George Burns, als er mit neunzig nach Sex gefragt wurde? Natürlich habe ich den. Es ist spannender denn je, denn versuchen Sie mal, mit einem Strick Billard zu spielen!

GERHARD GUNDERMANN, *hoffen Sie auf ein Jenseits?*
Die Frage impliziert erstens die Festlegung, wir befänden uns im Diesseits, und zweitens die Behauptung, es gäbe nur zwei Seiten. Ich sehe das anders: Alles hat ein Ende, nur der Durst hat keins, und außerdem ist die Medaille eine Kugel.

PETER STEIN, *welche Hoffnungen haben Sie aufgegeben?*
Alle. Und sie dann wieder aufgenommen, außer der Hoffnung, mich zum Besseren ändern zu können.

FRITZ MULIAR, *was ist typisch deutsch?*
Nach der Uhrzeit gefragt zu werden, keine Uhr dabeizuhaben, aber dem Fragenden zu versichern, wie interessant es doch gewesen sei, dieses Thema anzudiskutieren. Die Deutschen arbeiten Theater, wir Österreicher spielen Theater.

ROLF WINKELGRUND, *was ist für Sie Freiheit?*
Freiheit – und ich sage es freilich nicht ohne Ironie – besteht darin, daß man sich morgens fragt, was man heute wohl tun wird. Zwang wäre, wenn man es weiß.

WERNER SCHNEYDER, *wird es eines Tages möglicherweise Sozialismus geben?*
Vielleicht sogar sehr rasch, in ein paar Millionen Jahren schon.

HEINO FALCKE, *was braucht es am Morgen, damit Ihr Tag gut beginnt?*
Wach werde ich durch eine kalte Dusche und eine gute Tasse Kaffee. Mit meiner Frau lese ich jeden Morgen einen Abschnitt aus der Bibel, das gibt mir Zuversicht, um das All-

täglichste bewußt und gern und mit Bedacht zu leben. Damit man nicht abgenutzt wird von den Dingen.

JOCHEN GERZ, *woran erinnert Sie die Unausweichlichkeit des Todes?*
Daran, daß es keinen Sinn hat, Konzepte für etwas zu entwickeln, das sich Konzepten widersetzt. Der Tod ist eine Schweinerei und die Unkonzeption per se.

DANIEL LIBESKIND, *bedeutet Ihnen Heimat etwas?*
Ich glaube, daß Heimat eine Phantasie ist. Ich kann sie für mich vernachlässigen, so wie man die Erddrehung für einen Spaziergang zum nächsten Haus ja auch vernachlässigt.

OTTMAR HITZFELD, *sind Sie dafür, Fernsehbilder zur Urteilsfindung auf dem Spielfeld einzusetzen?*
Nein. Die Fehlentscheidung gehört zum Leben. Je mehr Apparate man zwischen die Menschen schaltet, um so kälter und unlebendiger wird alles. Unser Leben ist im Videozeitalter doch ohnehin schon verheerend in seine Einzelteile zerlegt. Durch die Pfeife des Schiedsrichters bleibt ein Stück gewöhnlicher, unvollkommener Welt im Spiel.

GEORG RINGSGWANDL, *warum sind Sie für den Umweltschutz?*
Damit genügend Bäume übrigbleiben. Jeder, der wie eine gesengte Sau über die Straßen jagt, der hat ein Recht auf seinen persönlichen Baum.

ULI HOENESS, *vor Jahren haben Sie als einziger von vier Insassen einen Flugzeugabsturz überlebt. Wieso können Sie noch in eine Maschine steigen?*
Weil ich nichts unmittelbar erfuhr von der Katastrophe. Ich wachte im Krankenhaus auf und wußte nicht, wie ich da hingekommem war. Ich muß abgestürzt, aus der Maschine geklettert und auf einen Förster gestoßen sein. Das alles weiß ich nur aus Erzählungen. Da ich also nicht erfuhr, wie so ein Absturz ist, kann ich auch heute noch ohne psychische Blockade fliegen.

ANDRÉ EISERMANN, *was ist das – der Jahrmarkt?*
Das ist der Ort, an dem der Mensch alle Dinge in ihrer Gegensätzlichkeit erleben kann: die Illusion und ihre Lächerlichkeit; das große Gefühl, das nur Spiel ist; die Pracht, die aber doch Attrappe bleibt. Der Jahrmarkt vereint Glückssucher und Gauner. Die Kunst geht hier ganz ehrlich nach Brot, und vor allem: Sie riecht nach Schweiß, nach Arbeit, sie bekennt sich zur bodenständigen Unterhaltung. Die Artisten geben ihr Letztes für etwas, das keiner ernst nimmt. Wer über den Jahrmarkt die Nase rümpft, will nichts vom Leben wissen.

ALFRED HRDLICKA, *sind Sie ein guter Mensch?*
Nein! Aber was mich frei macht: Ich habe einfach kein schlechtes Gewissen! Und ich weiß, was andere Leute, die so gern andere anklagen, selber für große Schweine sind.

ARMIN PETRAS, *was ist an Ihnen noch immer Ost?*
Der Ostler ist kratzbürstig und immer beleidigt. Fehlende Coolness. Er fühlt sich entweder privilegiert, das macht ihn verschämt, oder er fühlt sich hintenangesetzt, das macht ihn verstockt. Kein Talent für Maß und innere Balance.

VALENTIN FALIN, *welcher Platz in der Geschichte wird, bei späterer Betrachtung, der Ihre sein?*
Ich beanspruche keinen Platz in der Geschichte. Im Kontext Ihrer Frage kommt mir etwas anderes in den Sinn. Tamerlan ließ auf die Pforte seines Mausoleums schreiben: Glücklich der Mensch, der diese Welt verläßt, bevor die Welt auf ihn verzichtet.

MARTIN KUSEJ, *sind Sie enttäuscht vom Menschen als geschichtlicher Kraft?*
Es gibt für alles komplizierte und einfache Lösungen. Natürlich greift der Mensch zu einfachen Lösungen, aber nicht, weil er blöd ist, sondern weil es sehr oft durchaus auch die lebbaren Lösungen sind. Es ist ein schrecklicher Gedanke, aber ich vermag ihn nicht mehr zu verscheuchen: Alles, was

mit sozialem Denken zu tun hat, mit Sicherung der Sozialstaatlichkeit – vielleicht war es nur das kurzlebige utopische Einsprengsel, das jetzt wieder der Wahrheit weichen muß. Und diese Wahrheit ist der Darwinismus, der unsere Gattung ebenso am Leben erhält wie alle anderen Arten auch. Von daher bekommt jede humane Auflehnung erst ihre Kraft, ihren Sinn, aber von daher kommt auch ihr ewiges Scheitern.

Andreas Kriegenburg, *sind Sie enttäuscht vom Menschen als geschichtlicher Kraft?*
Unterschiedlich. Wenn ich meine nächste Umgebung betrachte, dann schwankt meine Position zwischen Unverständnis, Ekel, aber auch Begehren. Begehren nach Liebe, Aufgehobensein. Unverständnis und Ekel überwiegen jedoch. Ja, viele Leute, die mich unmittelbar umgeben, sind mir fremd. Wenn ich mir uns Menschen – was ich eigentlich so bewußt noch nie gemacht habe – aber aus größeren Entfernungen vorzustellen suche, dann überwiegt neben dem Grauen, das sich aufdrängt, eine Art heiteres Freiheitsempfinden, dazuzugehören. Ich denke mich da zurück an eine Kontaktstelle zwischen Hitler und Kleist. Dazwischen bewegen wir uns alle. Von da kommt für mich alle Freude, aller Stolz, aber auch alle Vorsicht und alle Furcht, die man sich selbst gegenüber haben kann.

B. K. Tragelehn, *würden Sie sagen, daß Sie ein Linker sind?*
Ich fürchte, ich war immer ein Häretiker, nicht mit Absicht, das muß wohl habituell sein. Wenn alle dafür sind, bin ich auch dagegen.

Thomas Langhoff, *bringt Kunst ein wenig Licht ins Dunkel?*
Es gibt eine Erfahrung, die jeder selbst ausprobieren kann: Im Dunkel beginnen die Augen zu sehen.

Bernardo Bertolucci, *haben Sie noch einen besonderen Traum?*
Vielleicht seltsam, aber den habe ich tatsächlich: Kommunismus in Amerika.

George Tabori, *was ist ein Weltbürger?*
Zu früheren Zeiten konnte man eine Heimat haben und trotzdem Weltbürger sein. Weltbürger war, wer reiste. Inzwischen hat sich als Kennzeichen des wahren Weltbürgers durchgesetzt: Er ist nur noch auf der Flucht.

Matthias Beltz, *mit welchem Platz in der Gesellschaft wären Sie zufrieden?*
Wenn ich auf meinen Tourneen ein anständiges Zimmer kriege, das nicht neben Fahrstuhl und Etagenklo liegt, dann bin ich mit meinem Platz in der Gesellschaft schon zufrieden.

Konstantin Wecker, *ist der einzelne, um diese Welt zu ändern, nicht viel zu schwach?*
Eben weil er allein sei? Nein. Es gibt eine Gemeinschaft von Menschen, die erkennen sich schon beim Aneinandervorbeigehen an den Augen. Der stille Klub der sich Verstehenden wird größer!

Henry Krtschil, *warum müßte man Klavier spielen können?*
Klavierspielen ist analytisches Eindringen in die Musik. Von daher verströmen Pianisten den möglicherweise irrtümlichen Eindruck, sie seien etwas gebildeter als die anderen. Und was die Frauen betrifft: Da ist Klavierspiel nicht Klavierspiel. Rubinstein schrieb mal, er hätte immer Bach und Mozart gespielt, bis er irgendwann mitkriegte: Chopin greift bei den Damen viel besser.

Jutta Ditfurth, *mit welcher Sehnsucht leben Sie?*
Ich fände es schon schade, wenn ich keine Revolution mehr erleben würde.

André Brie, *sind Sie angekommen in der Bundesrepublik?*
Sie haben mich erwischt. Ich antworte mit einer Episode. Als Livingstone im Sudan die Nilquellen suchte, sagten seine Träger irgendwann, sie kämen nun nicht weiter mit. Auf die Frage, ob die Beine nicht weitertragen würden, kam als Antwort: Doch, aber die Seele ist nicht mitgekommen.

Ken Loach, *ist die Depression die Daseinsform unserer Zeit?*
Meine ist es nicht. Depressionen sind etwas für die Mittelklasse.

Täve Schur, *was wissen Sie vom Leben?*
Ich weiß: Ein bißchen kriegst du geschenkt, der große Rest ist Arbeit. Und es gibt immer ein kleines Fenster, durch das du gucken kannst.

Gerhard Gundermann, *was empfinden Sie angesichts der Tatsache, daß es Sie in hundert Jahren nicht mehr gibt?*
Wer legt das fest? Ich könnte doch noch da sein. Oder schon wieder.

Patrice Chéreau, *warum sind Sie Kettenraucher?*
Weil in den meisten Situationen eine Zigarette mehr helfen kann als alle Evangelien.

Georg Ringsgwandl, *warum sind die Deutschen so bierernst?*
Hinter uns liegen tausend Jahre deutscher Humor. Da braucht es erstmal tausend Jahre, um zu weinen.

Thomas Bischoff, *wir sitzen im 18. Stock einer Wohnung in Berlins Leipziger Straße. Blickrichtung Potsdamer Platz. Warum schauen Sie so merkwürdig da hinüber?*
Ich weiß nicht, ob ich hier wohnen könnte, mit diesem täglichen Blick auf die Ungeheuerlichkeit an Selbstbehauptung, die der Mensch dort wagt. Das kann ich nicht relativieren. Zu viel Einsamkeit. Ein Turmbau zu Babel – das ist hochgegriffen, ich gebe es zu, nur: Damals wollten die Erbauer Gott ähnlich sein; heute wird bloß noch gebaut. Ich kann die Prämisse, unter der das geschieht, nicht erkennen. Ein Geheimnis. Ich hoffe, die Schöpfer kennen es.

Günter Kunert, *was macht Sie dort, wo Sie leben, so glücklich?*
Ich sitze auf der Bank im Garten und sehe, wie sich eine Wolke nähert; sie sieht aus wie eine Hand, die geht beruhigt und beruhigend über mich hinweg. Auf der Bank die Katze,

die dort schon auf mich gewartet hat, und wir unterhalten uns.

HELENO SAÑA, *ein Spanier weit weg von Spanien – was ist an Ihnen inzwischen deutsch geworden?*
Daß die Nachbarn ihre Uhren danach stellen können, wenn ich mit dem Hund meiner Schwiegermutter spazierengehe. Wenn ich in Spanien bin, bemerke ich zum Beispiel meine auffällige Pünktlichkeit. Bei Fernsehdiskussionen in Spanien, so sagen meine dortigen Freunde nicht ohne ironisches Befremden, spreche ich langsam, kurz und antworte auf Fragen präzise. Eine gewisse Pedanterie und eine ausgesprochene Erwartung in die Funktionalität der Dinge – auch das gehört wohl zu meiner seelischen Metamorphose.

ROLAND DRESSEL, *warum haben Sie, trotz bitterer künstlerischer Behinderungen, die DDR nie verlassen?*
Ich bin ein bodenständiger, vielleicht altmodischer Mensch. Mir hat die Kraft gefehlt, eigene Wurzeln hier auszureißen. Es sind ja nicht nur die großen politischen Dinge, die das Leben ausmachen. Es gab gute Kollegen, eine Arbeit, die gerade wegen der Konflikte so wichtig schien und mich ausfüllte, und außerdem: In meinem Verständnis geht man nicht weg, wenn man seine Mutter zurücklassen muß.

FRIEDO SOLTER, *können Sie sich an den Moment erinnern, da Ihre Eltern Sie erstmalig auf der Bühne sahen?*
Im dritten Akt irgendeiner Aufführung fragte meine Mutter meinen Vater: Wann kommt denn Friedo? Die Antwort: Er spielt doch schon die ganze Zeit! Meine Mutter: Nicht wahr, ich habe auch schon gedacht, das könnte er sein.

WOLFGANG SCHALLER, *sind Sie nach dem Zusammenbruch der DDR von Menschen enttäuscht worden?*
Klar, da gab es Freunde, die mir zu eifrig-schnell die Fahne wechselten: Gestern noch den roten Fürsten in den Arsch gekrochen, heut schon den neuen Führern die Schweißfüße geküßt. Manche riechen halt, wo es lang geht.

Hans Modrow, *wieso ist der Spatz ihr Lieblingsvogel?*
Er ist ein so unscheinbares Wesen – aber es kann fliegen. Der Spatz kommt mit ein paar Krumen zurande. Und er ist grau. Grau ist ehrlich und uneitel; das Grau steckt in allen Farben. Wer sagt, das Leben sei grau, hat recht: Ja, so bunt ist es wirklich.

Josef Hader, *warum lesen Sie deutsche Autozeitschriften so gern?*
Leserbriefe in diesen Heften sind ein Hochgenuß, da erfährt man, welche ungelösten Probleme es auf der Welt gibt und wie unzufrieden es einen mit dieser schnöden Erde machen kann, wenn's in der Türfüllung vom Golf knistert – nur weil man 160 km/h fährt.

Anthony Quinn, *haben Sie einen Gesellschafts-Traum?*
Es ist schon viel erreicht, wenn Familien so zusammenleben, als wäre das Telefon noch nicht erfunden. Die schönste Gesellschaft aber ist die, neben einem schlafenden Kind zu liegen, dessentwegen man selber kein Auge zumacht.

Hannes Braun, *warum nimmt ein Erfolgstrainer nach Ende der DDR diese so große Mühe auf sich, in den Alpen ein kleines Skihotel aufzubauen?*
Ich hatte keine Lust, an der Schwelle zum Alter ins Jammern zu geraten. Und zudem war ich ahnungslos. Wenn ich gewußt hätte, was Gastronomie bedeutet, hätte ich umgehend resigniert. Ich habe nicht resigniert, aber immerhin: Seitdem grüße ich jeden Küchenjungen.

Peter Konwitschny, *wann empfinden Sie sich als glücklicher Mensch?*
Bei der Korrespondenz mit meiner biologischen Herkunft, mit der Erde. Wenn ich diese organische Substanz berühre, wenn ich die Feuchte und Wärme der Erde spüre oder das Rauschen höre, wenn ein Schwan über mir wegfliegt, wenn ich Spinnweben im Sonnenlicht sehe – dann fühle ich mich als Teil eines größeren Ganzen. Das hat Folgen für mein Lebens- und Arbeitsgefühl. Ich meine also nicht ein beschau-

lich-romantisches Datschen-Wochenende oder eine Flucht vor den Menschen in eine heile Welt. Die Natur ist alles andere als eine heile Welt. Ich meine das Erleben ganz existentieller, außerzivilisatorischer Empfindungen, die vom Körper ausgehen, nicht vom Kopf. Das ist immer meine Sehnsucht gewesen.

BENNO BESSON, *was ist der schönste Gedanke auf Wegen von der Arbeit nach Hause?*
Daß man noch immer heimkommen kann, und ein Mensch ist da, der fragt: Na, wie war's?

THOMAS ALSGAARD, *wie haben Sie den Abend nach Ihrem WM-Sieg verbracht?*
Einen Brief an die Frau meines Lebens geschrieben. Mitten in der Nacht einen Brief – obwohl das Telefon in Reichweite stand.

MATTHIAS RICHLING, *warum sind Sie kein Familienmensch?*
Je enger Menschen zusammenrücken, desto aggressiver werden sie. Wahre Feindschaft entsteht durch Nähe.

GÉRARD DEPARDIEU, *was ist für Sie Zukunft?*
Vielleicht hallt das Treppenhaus der Zeit doch eines Tages wider vom Aufstieg der Holzschuhe und vom Abstieg der Lackstiefel.

HEINRICH FINK, *sollten wir langsamer leben?*
Das zum Beispiel verstehe ich als Sinn des biblischen Sabbath-Gebotes. Jede Woche muß gemeinsam feiernd bedacht werden, weil das alltägliche Tagewerk die Menschen trennt, in Arbeitgeber und Arbeitnehmer. Es gibt keine Evolution sinnstiftender Inhalte. Schweigend und redend, mit gesegneten Kerzen und Zeit füreinander, muß Sinn für Gerechtigkeit und Frieden regelmäßig neu ermittelt werden. Das verstehe ich nicht als langsameres Leben, sondern als gefeiertes. Dieser Rhythmus von Tun und nachdenklichem Innehalten ist für mich lebensbildend und -bewahrend.

Jens Reich, *welches war Ihre verhängnisvollste Fehlentscheidung?*
Verhängnisvoll? Das ist ein zu starkes Wort. Es gibt Dinge, für die ich mich schäme. Unsere Gruppe, die als so eine Art Ferienkommune auf dem Grundstück zusammenlebte, hatte mal ein großes Kinderfest. Draußen bei Grünheide, nicht weit weg von den Havemanns. Robert saß da schon unter Hausarrest. Ich glaube, Katja Havemann war es – sie kam vorbei und fragte, ob wir nicht abends zu ihnen kommen wollten. Es sei da ein Geburtstagsfest, und es würde bestimmt sehr lustig. Und das haben wir nicht gemacht! Aus Feigheit. Dann könnten wir gleich den Löffel abgeben im Institut oder auf der Arbeitsstelle – so hieß es, so haben wir uns verständigt. Das war schäbig. Wir haben eine Bitte um Solidarität und eine Chance für Courage vergeben. Auf der einen Seite das Bekenntnis zur Freiheit der Forschung, auf der anderen Seite ließen wir zu, daß ein Wissenschaftler dieser Freiheit beraubt wurde. Aus Opportunismus. Wir hatten den kalten Krieg verinnerlicht.

István Szabó, *glauben Sie im Blick auf die Jahrhunderte, daß die Menschheit das Leiden, die Katastrophe als Lehrmeister braucht?*
Man geht so leichtfertig mit diesen Dingen um, in unseren intellektuellen Kreisen. Die Sätze gehen uns verderblich schnell über die Lippen. Leiden erzieht – Punkt. Die das sagen, leiden oft am wenigsten. Nein, der Mensch will Liebe, von Anfang an. Alle Zuwendung will er, alle Zuneigung dieser Welt. Wenn dem Menschen Zuneigung entzogen wird, trifft ihn das mit nicht zu beschreibender Härte, und er verteidigt seinen Anspruch auf Liebe.

Günter Netzer, *kramen Sie gern in Erinnerungen?*
Ich habe keine Pokale oder Medaillen, keine Zeitungsberichte, keine Bilder, keine Videos, ich habe nichts, was an meine aktive Zeit erinnert. Glück als Zustand ist machbar. Ich habe es geschafft, weil ich Realist bin. Über bestimmte Grenzen wollte ich nie hinaus. Das ist so ein Leitfaden durch mein Leben. Einen besseren habe ich nicht gefunden.

Klaus Renft, *was halten Sie vom Geld?*
Ich fürchte, vom Reichtum aufwärts beginnt die eigentliche Not.

Paul Virilio, *sind wir Sklaven der Geschwindigkeit?*
Ja, wir sind an jedem Morgen ein Unfall, der nur noch nicht geschehen ist.

Hans-Joachim Maaz, *setzen Sie sich zum Fasching eine Pappnase auf?*
Nein. Die Pappnase ist die Fortsetzung des Alltags mit anderen Mitteln: Die wird aufgesetzt, so wie man in Deutschland vieles aufsetzt – Fröhlichkeit, Toleranz. Oder Kartoffeln. Wenn Deutsche „ein Faß aufmachen", ist das fürchterlich wahr. Humor läuft, aber nur dem Alkohol hinterher.

Konstanze Lauterbach, *könnten Sie sich einen anderen Beruf als den der Regisseurin vorstellen?*
Irgend etwas mit Blumen vielleicht. Bei Blumenverkäuferinnen verstehe ich am wenigsten, wenn sie unhöflich, zerknirscht und böse sind.

Uta Ranke-Heinemann, *welche Heiligen oder Heiliggesprochenen mögen Sie?*
Leute, die ich mag, werden grundsätzlich nicht heiliggesprochen.

Anna Rosmus, *würden Sie das Bundesverdienstkreuz annehmen?*
Aber natürlich. Da habe ich doch endlich etwas, das ich später mal zurückgeben kann.

Jochen Senf, *was würden Sie jungen Menschen raten?*
Reisen! Vergeßt für eine gewisse Zeit Job, Studium, Zukunft! Liefert euch wenigstens einmal im Leben dem beglückenden Gefühl aus, daß einem am Morgen alle Himmelsrichtungen offenstehen. Man wacht auf, und es ist noch nichts entschieden. An wie vielen Tagen im Leben widerfährt einem das?

Johanna Schall, *mögen Sie Natur?*
Ich bin ein Stadtmensch. Wenn man mich in die Natur hineinsetzt, finde ich sie schön. Aber extra hinfahren?

Gerhard Gundermann, *was bedeutet für Sie: Sieg?*
Vielleicht hat schon viel gewonnen, wer die Würde eines Verlierers hat.

Peter Ustinov, *hat man mit siebzig denn noch Träume?*
Und ob! Die vielen erfüllten zum Beispiel.

Rudolf Bahro, *was ist Kommunismus?*
Eine Ökonomie, in der sich die Reproduktion unserer kulturellen Existenz von selber versteht. Das kann nur ein Wirtschaften des entspannten Antriebs sein. Es geht um eine Ordnung, die die menschlichen Wesenskräfte so entfaltet, daß die Gier nachläßt. Kommunismus hat viel zu tun mit einer seelischen Art Grandezza, die ein souveränes Verhalten zur Ökonomie erst möglich macht.

Günter Gaus, *leben wir in großen Zeiten?*
Die geistige Ausstattung in großen Zeiten muß, so sagt die Erfahrung, möglichst einfach sein. Anders formuliert: Große Zeiten brauchen und fördern die Dummheit. Dies als Kennzeichen genommen, leben wir wohl in sehr großen Zeiten.

Edmund Hillary, *gibt es etwas, das Sie – als erfolgreicher Bergsteiger – allen Menschen gern sagen würden?*
Steigt nur nicht zu schnell auf!

Anhang

Biographische Hinweise, Quellen

Isabelle Adjani, geb. 1955: französische Schauspielerin. Arbeit an der Pariser Comédie Francaise, Filme u.a.: „Die Geschichte der Adéle H." (Regie: François Truffaut), „Nosferatu" (Regie: Werner Herzog). Wochenpost 14/1991 und Interview-Buch „Protokolle der Besessenheit – Dreizehn Versuche, glücklich zu sein", Berlin 1993

Thomas Alsgaard, geb. 1972: Skilanglauf-Weltmeister 1999 über 15 km, der Norweger ist dreifacher Olympiasieger. ND vom 3. März 1999

Klaus Bachler, geb. 1951: Schauspieler, später Leiter der Wiener Festwochen und der Wiener Volksoper. Seit 1999 Direktor des Wiener Burgtheaters. ND vom 5. Januar 2002

Rudolf Bahro, geb. 1935, gest. 1997: Philosoph. In der DDR wegen des Buches „Die Alternative" zu 8 Jahren Zuchthaus verurteilt; nach einem Jahr Abschiebung in den Westen. Baute die sächsische Landbau-Kommune „Lebens Gut" Pommritz auf. ND vom 23. Dezember 1995

Karin Beier, geb. 1965: Theaterregisseurin, u. a. in Köln und am Deutschen Schauspielhaus Hamburg, zuletzt mehrfach am Burgtheater Wien. ND vom 14. Juli 2001 und Interview-Buch „Hinterm Vorhang das Meer", Berlin 2001

Matthias Beltz, geb. 1945, gest. 2002: Kabarettist. Kämpfte mit Cohn-Bendit und Fischer, zunächst auch mit Baader und Ensslin, in der Frankfurter Szene, Gründer des „Vorläufigen Frankfurter Fronttheaters", Soloprogramme u. a. „Gnade für niemand, Freispruch für alle", „Füße im Feuer", „Die paar Tage noch". ND vom 26. November 1994

Bernardo Bertolucci, geb. 1940: italienischer Filmregisseur („Der letzte Tango in Paris", „1900", „Der letzte Kaiser", „Little Buddha"). ND vom 12. März 1994

Benno Besson, geb. 1922: Schweizer Regisseur, der 1947 mit Brecht in den Osten ging. Schuf legendäre Inszenierungen am Deutschen Theater („Der Drache", „Der Frieden"). Intendant der Volksbühne.

1978 verließ er entnervt und traurig die DDR. Lebt in Paris. ND vom
1. August 1998

Thomas Bischoff, geb.1957: Theaterregisseur, Inszenierungen an der
Volksbühne Berlin, in Bremen, Hannover und Düsseldorf. Gilt als
Regisseur der strengen Exerzitien und seelischen Abgründe. Interview-
Buch „Hinterm Vorhang das Meer", Berlin 2001

Norbert Blüm, geb. 1935: Werkzeugmacher, 16 Jahre Arbeitsminister
im Kabinett Kohl, 2002 Abschied aus dem Bundestag. Autor mehrerer Bücher. ND vom 14. Dezember 2002

Kurt Böwe, geb. 1929, gest. 2000: Film- und Theaterschauspieler (am
Deutschen Theater Berlin u.a. „Michael Kohlhaas", „Der Blaue Boll",
„Der Theatermacher", „Herr Paul", „Der Besuch der alten Dame"), im
ORB „Polizeiruf-110"-Kommissar Groth. ND vom 28. Mai 1994

Luc Bondy, geb. 1948: Theater- und Filmregisseur, Schriftsteller. Co-
Direktor der Berliner Schaubühne, seit 1997 Chef der Wiener Festwochen. Ein Kritiker: „Mozart, wäre er Regisseur geworden, hätte inszeniert wie Bondy." ND vom 5. Juni 1999

Hannes Braun, geb. 1928: einer der erfolgreichsten Ski-Trainer der
DDR-Sportgeschichte (Biathlon, Langlauf). Lebt heute als Hotelier in
Ramsau am Dachstein in Österreich. ND vom 19. Februar 1999

Andrea Breth, geb. 1952: Theaterregisseurin, leitetete mehrere Jahre
die Berliner Schaubühne, jetzt am Wiener Burgtheater. Romancier
Julien Green: „Diese Regisseurin verfügt über teuflische Intelligenz
und Intuition." ND vom 12. Dezember 1995

André Brie, geb. 1950: PDS-Politiker (Europa-Abgeordneter, Wahl-
kampfleiter) und Politikwissenschaftler, Autor mehrerer Aphorismen-
Bände. ND vom 13. Februar 1999

Reiner Calmund, geb. 1950: Manager des Fußball-Bundesligisten Bayer
Leverkusen. ND vom 13. April 2002

Frank Castorf, geb. 1951: Theaterregisseur, seit 1992 Intendant der
Volksbühne am Rosa-Luxemburg-Platz, machte das Theater zur erfolgreichsten Bühne Berlins. ND vom 19. März 1994 und 14. September
1996, Interview-Buch „Die Erotik des Verrats", Berlin 1994

Claude Chabrol, geb. 1930: französischer Filmregisseur („Schrei, wenn du kannst", „Landru – der Frauenmörder von Paris", „Die Phantome des Hutmachers", „Die Unschuldigen mit den schmutzigen Händen", „Stille Tage in Clichy"). ND vom 29. Juli 2002

Patrice Chéreau, geb. 1944: französischer Theater- und Filmregisseur („Die Bartholomäusnacht", „Intimacy"). ND vom 12. November 1994

Sean Connery, geb. 1930: schottischer Schauspieler, Weltruhm als James Bond. Weitere Filme u. a.: „Der Anderson-Clan", „Der Name der Rose", „Die Unbestechlichen". ND vom 29. August 1992

Christoph Daum, geb. 1953: Fußballtrainer, mit dem VfB Stuttgart Meister, mit Istanbul Pokalsieger und Meister. Wurde mit Bayer Leverkusen zum großen Bayern-München-Jäger. Eine Drogen-Affäre stoppte die deutsche Karriere. ND vom 17. Mai 1997

Gérard Depardieu, geb. 1948: französischer Filmschauspieler – der über das proletarische Milieu seiner Kindheit heute sagt: „Da hatte man leider nur Scheißträume von Tiefkühltruhen und einem scharfen Schäferhund." ND und Interview-Buch „Protokolle der Besessenheit – Dreizehn Versuche, glücklich zu sein", Berlin 1993

Jutta Ditfurth, geb. 1951: Schriftstellerin, Publizistin. Einstige Grünen-Politikerin, Gründerin der „Ökologischen Linken/Alternativen Liste". ND vom 13. Juli 1991

Adolf Dresen, geb. 1935, gest. 2001: Theaterregisseur und Kulturtheoretiker, einer der großen Regisseure des Deutschen Theaters Berlin, ging 1977 in den Westen, Direktor vom Schauspiel Frankfurt (Main), später vor allem, europaweit, Arbeit als freier Opernregisseur. ND vom 29. September 2001

Roland Dressel, geb. 1932: einer der wichtigsten Kameramänner der DEFA (u. a. „Das zweite Leben des Friedrich Wilhelm Georg Platow", „Jadup und Boel", „Die Frau und der Fremde", „Fallada – letztes Kapitel". ND vom 20. Juni 1994

Hans-Peter Dürr, geb. 1929: Quantenphysiker, Promotion bei Edward Teller, einem der Väter von Atom- und Wasserstoffbombe; leitete lange das Münchner Heisenberg-Institut. Ein Wortführer der Umwelt- und Friedensbewegung. ND vom 30. Januar 1993

André Eisermann, geb. 1967: Schauspieler (Filme u. a. „Kaspar Hauser", „Schlafes Bruder"). ND vom 16. Oktober 1999

Heino Falcke, geb. 1930: evangelischer Theologe, lange Jahre Propst zu Erfurt. Friedensethiker. ND vom 2. April 1994

Valentin Falin, geb. 1926: bis zum Zusammenbruch der Sowjetunion Deutschlandexperte des Kreml, viele Jahre Leiter der außenpolitischen Abteilung im ZK der KPdSU. Lebt bei Hamburg. ND vom 15. April 1995

Heinrich Fink, geb. 1936: Theologe und Hochschullehrer, Direktor der Sektion Theologie an der Humboldt-Uninversität Berlin, 1990 Rektor – 1992 entlassen im Rahmen eines heftigen öffentlichen und juristischen Streits um „Stasi-Verdacht". War für die PDS im Bundestag. ND vom 22. Februar 1997

Helmut Frenz, geb. 1933: Theologe, Pfarrer. War mehrere Jahre Gemeindepastor an der Shalom-Kirche in Hamburg-Norderstedt, die im Winter 1991/92 als Schauplatz einer viermonatigen Kirchenbesetzung bundesweit bekannt wurde. 1994 wurde er zum ersten Flüchtlingsbeauftragten der Nordelbischen Evangelisch-Lutherischen Kirche ernannt, ein Amt, das er bis zu seiner Verabschiedung in den Ruhestand 1998 führte. ND vom 14. August 1993

Herbert Fritsch, geb. 1951: Schauspieler, seit 1993 an der Volksbühne Berlin, Autor und Regisseur des Internet-Projekts „Hamlet _ x". ND vom 14. April 2001

Arved Fuchs, geb 1953: Abenteurer, erreichte 1989 als erster Mensch innerhalb eines Jahres beide Pole auf dem Fußweg. Aufsehenerregende Expeditionen mit dem Segelschiff „Dagmar Aaen" ins Nordpolarmeer. ND vom 9. Januar 1993

Günter Gaus, geb. 1929: Publizist und Schriftsteller. „Spiegel"-Chefredakteur, 1974/1981 erster Leiter der Ständigen Vertretung der BRD bei der DDR. Schrieb mit seiner Interview-Reihe „Zur Person" Fernsehgeschichte. ND vom 17. Juli 1993

Götz George, geb. 1938: einer der wenigen deutschen Filmstars („Aus einem deutschen Leben", „Schtonk", „Der Totmacher", „Nichts als die Wahrheit", „Gott ist tot"). Im Fernsehen vor allem als Schimanski im „Tatort" bekannt geworden. ND vom 22. Februar 2003

Jochen Gerz, geb. 1940: deutscher Performance-Künstler, lebt in Paris, schuf zahlreiche Foto-, Text- und Videoarbeiten sowie Installationen, „die bewußt den geschützten Kontext von Kunsträumen verlassen" (EXIT/Dachau-Projekt, Harburger Mahnmal gegen Faschismus, 2146 Steine gegen Rassismus). ND vom 27. April 1998

Erwin Geschonneck, geb. 1906: Schauspieler. Von Brecht und Helene Weigel ans Berliner Ensemble engagiert. DDR-Filmstar („Das Beil von Wandsbek", „Karbid und Sauerampfer", „Jeder stirbt für sich allein", „Gewissen in Aufruhr"). ND vom 4. März 1995

Eduard Geyer, geb. 1944: als Fußballer und Trainer DDR-Meister (mit Dynamo Dresden), letzter DDR-Nationalcoach („im Westen konnten sie auswählen, wir mußten wirklich ausbilden"), jetzt Trainer von Energie Cottbus. ND vom 7. Juni 1997

Gerhard Gundermann, geb. 1955, gest. 1998: einer der poetischsten deutschen Liedermacher. ND vom 24. Februar 1996 und Interview-Buch „Rockpoet und Baggerfahrer", Berlin 1999

Josef Hader, geb. 1962: österreichischer Kabarettist („Im Keller", „Privat") und Filmemacher („Indien", „Blue Moon"). ND vom 9. Dezember 2002

Carl Hegemann, geb. 1949: Schauspieler, Regisseur, Dramaturg. War Chefdramaturg bei Leander Haußmann in Bochum und Chefdramaturg des BE. Jetzt Dramaturg an Frank Castorfs Volksbühne. ND vom 4. Juli 1998

Stephan Hermlin, geb. 1915, gest. 1997: Lyriker, Erzähler und Nachdichter. Interview-Buch „Richtfest für Luftschlösser", Berlin 2000

Regine Hildebrandt, geb. 1941, gest. 2001: Biologin, eine der populärsten SPD-Politikerinnen Ostdeutschlands, viele Jahre Sozialministerin Brandenburgs. Interview-Buch „Bloß nicht aufgeben!", Berlin 1993

Sir Edward Hillary, geb. 1919: neuseeländischer Bergsteiger, der 1953 mit Sherpa Tensing Norgay als erster Mensch den Mount Everest bestieg. Von der britischen Königin geadelt, später Botschafter in Nepal, Indien und Bangladesh. Eine nach Hillary benannte Stiftung sammelt Geld für soziale Projekte in Himalaya-Ländern. ND vom 18. Februar 1995

Ottmar Hitzfeld, geb. 1949: diplomierter Mathematiklehrer, einer der profiliertesten Bundesliga-Trainer – bei Borussia Dortmund und jetzt bei Bayern München. ND vom 10. Dezember 1994

Uli Hoeneß, geb. 1952: Weltmeister, Europameister, Weltpokalsieger, Europacupsieger, deutscher Meister, nun Manager – einer der Erfolgreichsten bei Bayern München („ich träumte aber davon, Arzt in Lambarene zu werden"). ND vom 7. Dezember 1996

Dustin Hoffman, geb. 1943: US-amerikanischer Schauspieler („Reifeprüfung", „Papillon", „Kramer gegen Kramer", „Die Unbestechlichen", „Outbreak"). ND vom 15. April 1995

Jutta Hoffmann, geb. 1941: Schauspielerin (DEFA- und Fernsehfilme: „Junge Frau von 1914", „Der Dritte", Kleiner Mann – was nun?", „Die Schlüssel", „Geschlossene Gesellschaft"), ging nach der Biermann-Affäre in den Westen, Theater in München und Hamburg, heute Professorin an der Hochschule für Musik und Theater in Hamburg. ND vom 16. September 1998

Alfred Hrdlicka, geb. 1928: Wiener Bildhauer, gilt als „letzter Steinklopfer des 20. Jahrhunderts", der „Rodins Menschenfragmente vollendete" – fleischlich lustvoll, qualbeladen. Mahnmale: Berlin, Wien, Hamburg. ND vom und 27. Februar 2003

Lotti Huber, geb. 1912, gest. 1998: Tänzerin, Diseuse, Paradiesvogel aller Talkshows, Phantom des Boulevards. Interview-Buch „Protokolle der Besessenheit – Dreizehn Versuche, glücklich zu sein", Berlin 1993

Walter Jens, geb 1923: Schriftsteller und Essayist (zuletzt, gemeinsam mit seiner Frau Inge: „Frau Thomas Mann"). War Präsident der Akademie der Künste Berlin-Brandenburg. Nahm während des Golfkriegs US-Kriegsdienstverweigerer auf. ND vom 10. Juni 1996

Jewgeni Jewtuschenko, geb. 1933: russischer Dichter und Erzähler, dessen Lyrik in über 70 Sprachen übersetzt wurde. ND vom 13. Dezember 1994

Eberhard Keienburg, geb. 1936: Bühnenbildner in Potsdam, Leipzig, am Berliner Ensemble. Von 1974 bis 2001 1. Bühnenbildner und Ausstattungsleiter am Deutschen Theater Berlin. ND vom 26. Juni 2001

Inge Keller, geb 1923: prägende Schauspielerin des Deutschen Theaters Berlin, dessen Ehrenmitglied sie ist. Spielte bei den Regisseuren Barlog, Noelte, Hilpert, Langhoff, Besson, Heinz, Schleef, Kupfer. ND vom 15. Dezember 1998

Ignaz Kirchner, geb 1948: Schauspieler, derzeit an Wiens Burg, er und Gert Voss wurden zum grandiosen Duo, das Theatergeschichte schrieb („Othello", Goldberg Variationen", „Endspiel", „Die Sunshine Boys"). ND vom 10. November 1997 und 11. November 2002

Alexander Kluge, geb. 1932: Filmemacher, Produzent und Schriftsteller („Chronik der Gefühle"). Gründer der TV-Gesellschaft DCTP. Interviews mit Heiner Müller („Ich bin ein Landvermesser", „Ich schulde der Welt einen Toten"). ND vom 21. Oktober 2000

Peter Konwitschny, geb. 1945: einer der provokantesten deutschen Opernregisseure (bes. Hamburg, Stuttgart). ND vom 20. Januar 2000

Andreas Kriegenburg, geb. 1963: Theaterregisseur, Inszenierungen in Frankfurt (Oder), an der Volksbühne, in München, am Deutschen Theater und an der Wiener Burg. ND vom 3. April 2000 und Interview-Buch „Hinterm Vorhang das Meer", Berlin 2001

Henry Krtschil, geb. 1932: Komponist, schrieb Chansons, Bühnen- und Filmmusiken, Arbeit am BE, an Bessons Volksbühne, am Berliner theater im palais. War als Pianist über Jahrzehnte Gisela Mays „Flügelmann". ND vom 9. Juli 1999

Michael Krüger, geb 1943: Lyriker und Erzähler („Nachts, unter Bäumen", „Wettervorhersage", „Wieso ich?"), Chef des Carl Hanser Verlages München. ND vom 22. März 2003

Günter Kunert, geb. 1929: Lyriker, Erzähler und Essayist (u .a. „Das kleine Aber", „Englisches Tagebuch", „Der andere Planet", „Erwachsenenspiele", „Nachtvorstellung"). 1979 Ausreise aus der DDR. ND vom 2. November 2002

Harry Kupfer, geb. 1935: viele Jahre Chefregisseur der Komischen Oper Berlin in der Tradition Walter Felsensteins. ND vom 6. Juli 1996

Robert Kurz, geb. 1943: Publizist, Mitherausgeber der Zeitschrift „Krisis", zahlreiche Bücher („Schwarzbuch des Kapitalismus", „Marx lesen"). ND vom 22. August 1995

Martin Kusej, geb. 1961: österreichischer Theaterregisseur. Gilt als einer der bildmächtigsten, kältesten, bösesten Inszenatoren seiner Generation. Arbeiten in Stuttgart, Hamburg, am Burgtheater Wien sowie bei den Salzburger Festspielen. ND vom 17. Februar 2001 und Interview-Buch „Hinterm Vorhang das Meer", Berlin 2001

Alexander Lang, geb. 1941: Schauspieler und Regisseur. Spielte am BE und am Deutschen Theater, inszenierte dort aufsehenerregend u.a. „Dantons Tod" und eine „Trilogie der Leidenschaft" (Euripides, Goethe, Strindberg); Arbeiten auch am Thalia Theater Hamburg, am Berliner Schiller Theater, in Paris, München und Weimar. ND vom 30. Juni 2001

Felicia Langer, geb 1930: polnische Jüdin. Viele Jahre in Israel die einzige Anwältin, die die Rechte der Palästinenser in den besetzten Gebieten vertrat. Zahlreiche Bücher. 1990 Alternativer Nobelpreis. Lebt heute in Tübingen. ND vom 7. Oktober 1995

Matthias Langhoff, geb. 1941: Theaterregisseur. Verließ 1978 die Berliner Volksbühne und die DDR, lebt seither in Paris und nahm die französische Staatsbürgerschaft an. ND vom 1. November 1999

Thomas Langhoff, geb. 1938: Theaterregisseur. Bis 2001 Intendant des Deutschen Theaters Berlin, zuletzt Inszenierungen am Burgtheater Wien, in München und am Berliner Ensemble. Interview-Buch „Inge Keller – Alles aufs Spiel gesetzt", Berlin 1998

Daniel Libeskind, geb. 1946: Architekt und Kunsttheoretiker. Von Lodz („geboren wurde ich in jener Armut, die Zusammenrücken lehrt") nach New York und Israel. Schuf das Jüdische Museum in Berlin und wurde Sieger im Wettbewerb um die Neubebauung des Platzes vom World Trade Center in New York. ND vom 24. September 1994

Ewald Lienen, geb. 1953: Fußballtrainer (u. a. Duisburg, Rostock, Köln, Mönchengladbach). In seiner aktiven Laufbahn als Spieler politisch aktiv gegen Atomraketen, für die Friedensliste – der „Pfarrer Albertz des Fußballs" (taz). ND vom 30. Oktober 1993

Ken Loach, geb. 1936: britischer Filmregisseur („Kes", „Land and Freedom"). ND vom 18. Oktober 1995

Klaus Löwitsch, geb. 1936, gest. 2002: österreichischer Schauspieler. Arbeit bei Faßbinder und Egon Günther. Große TV-Popularität durch die Serie „Peter Strohm". In den letzten Jahren anspruchsvolle literarische Collagen über Trakl, Fühmann und Wittgenstein. ND vom 24. August 1993

Helmuth Lohner, geb. 1933: österreichischer Schauspieler, gilt als Spezialist der „kostbaren Gebrochenheiten". Bis zum Ende der Spielzeit 2002/2003 Direktor des Theaters in der Josefstadt Wien. ND vom 20. Januar 2003

Hans-Joachim Maaz, geb. 1944: Chefarzt der Psychotherapeutischen Klinik im Evangelischen Diakoniewerk Halle. Autor zahlreicher Bücher über die Psychologie der Wendezeit („Gefühlsstau"). ND vom 28. Februar 1995

Dieter Mann, geb. 1941: Schauspieler am Deutschen Theater Berlin seit 1964 (u. v. a. „Unterwegs, „Zwei Krawatten", „Nathan der Weise", „Fülle des Wohllauts"), von 1984 bis 1991 auch Intendant des Hauses. ND vom 7. Dezember 1998

Dieter Meichsner, geb. 1928: Nestor des bundesrepublikanischen Fernsehspiels („Besuch aus der Zone", „Alma Mater"), einer der „Tatort"-Erfinder. Schrieb Romane („Studenten in Berlin") und die TV-Reihe „Schwarz Rot Gold"). ND vom 1. November 1994

Robert Menasse, geb. 1954: einer der provokativsten Intellektuellen Österreichs. Hauptwerke: „Sinnliche Gewißheit", „Die Vertreibung aus der Hölle" (Romane), „Das Land ohne Eigenschaften", „Erklär mir Österreich" (Essays). ND vom 6. Mai 2002

Rigoberta Menchu, geb. 1959: Gewerkschafterin in Guatemala, wurde im mexikanischen Exil Mitbegründerin eines Oppositionsbündnisses zur revolutionären Befreiung Guatemalas. Friedensnobelpreisträgerin 1992. ND vom 26. Juni 1993

Reinhold Messner, geb. 1944: der berühmteste Bergsteiger, Abenteurer, Grenzgänger unserer Zeit. Der Südiroler bestieg als erster Mensch alle 14 Achttausender, darunter erstmals den Mount Everest ohne Sauerstoffgerät. ND vom 18. Mai 1991 und 24. Dezember 1998

Hans Meyer, geb. 1942: Fußballtrainer – über 20 Jahre beim FC Carl Zeiss Jena, nach Ende der DDR bei FC Twente Enschede und bei Borussia Mönchengladbach. ND vom 27. Mai 2000

Hans Modrow, geb. 1928: SED- und PDS-Politiker, viele Jahre 1. Sekretär der SED-Bezirksleitung Dresden, Ende 1989 DDR-Ministerpräsident (ND: „Zwischen Realpolitik und Utopie hat auch er sich aufreiben lassen. Aber auch viele Menschen aufgerichtet"). ND vom 24. Januar 1998

Fritz Muliar, geb. 1919: österreichischer Schauspieler (Burgtheater, Theater in der Josefstadt Wien), wurde berühmt durch den „Schwejk" in einer 30-teiligen TV-Serie. Schrieb zahlreiche Bücher. ND vom 17. Juni 1995

Rüdiger Nehberg, geb. 1935: Deutschlands bekanntester Abenteurer und Aktionist. Überquerte den Atlantik im Tretboot, schwamm auf einem Bambusfloß bis Amerika. Setzte sich jahrelang für die Yanomami-Indianer des brasilianischen Regenwaldes ein. Seine Survival-Tips wurden Bestseller. Interview-Buch „Leben mit Risiko", Berlin 1998

Günter Netzer, geb. 1944: war Mittelfeldstar der Mönchengladbacher „Fohlen" und jener Nationalelf in den Siebzigern des vergangenen Jahrhunderts, von der es heißt, sie habe den besten deutschen Fußball aller Zeiten gespielt. Gilt als „erster Popstar" der Bundesliga. Heute Kaufmann und Geschäftsführer einer Schweizer Sportagentur. ND vom 5. Dezember 1998

Gisela Oechelhaeuser, geb. 1944: Kabarettistin. Ab 1990 führte sie erfolgreich das Berliner Kabarett-Theater „Die Distel" als „Stachel am Regierungssitz"; seit Bekanntwerden einer IM-Akte im Jahre 1999 freischaffend. ND vom 24. Dezember 2002

Albert Ostermaier, geb 1967: Lyriker (Heartcore", „Herz Vers Sagen", „fremdkörper hautnah", „Autokino", „Vatersprache") und Dramatiker („The Making Of. B-Movie", „Death Valley Junction", „Es ist Zeit. Abriß", „Letzter Aufruf"). ND vom 3. August 2002

Thomas Ostermeier, geb. 1968: Theaterregisseur, von 1996 bis 1999 Chef der innovativen Baracke des Deutschen Theaters Berlin, nunmehr künstlerischer Leiter der Berliner Schaubühne. ND vom 24. Januar 2000 und 10. Februar 2001

Pelé, geb. 1940: Fußballer des 20. Jahrhunderts. Der Brasilianer wurde dreimal Weltmeister, mit 17 Jahren war er 1958 jüngster Champion aller Zeiten. ND vom 10. April 1993

Armin Petras, geb. 1965: Theaterregisseur. 1970 Umzug mit den Eltern in die DDR, 1988 verließ er das Land wieder. Jetzt Schauspieldirektor in Frankfurt (Main). Unterm Pseudonym Fritz Kater auch Dramatiker. ND vom 3. Mai 2001 und Interview-Buch „Hinterm Vorhang das Meer", Berlin 2001

Claus Peymann, geb. 1937: Theaterregisseur und Theaterdirektor, vollbrachte in Stuttgart, Bochum und am Burgtheater Wien jeweils das, was man eine Ära nennt. Jetzt Chef des Berliner Ensembles. ND vom 20. März 2000

Klaus Piontek: geb. 1935, gest. 1998: Schauspieler am Deutschen Theater Berlin. Spielte unter den ersten Regisseuren – Besson, Dresen, Solter, Lang, Langhoff. Im Fernsehen: Bertin im dreiteiligen Zweig-Zyklus von Egon Günther. ND vom 24. Juni 1998

Klaus Poche, geb. 1927: Autor zahlreicher TV-Filme („Geschlossene Gesellschaft", „Die zweite Haust", „Sie und Er"). ND vom 23. März 1996

Anthony Quinn, geb. 1915, gest. 2001: US-amerikanischer Schauspieler („La Strada", „Alexis Sorbas" „Der Glöckner von Notre Dame"). ND vom 20. Mai 1995

Uta Ranke-Heinemann, geb. 1927: als erste Frau der Welt hatte sie einen Lehrstuhl für Theologie – den sie wegen Kirchenkritik wieder verlor. Zahlreiche Bestseller („Eunuchen für das Himmelreich"). ND vom 25. September 1993

Christoph Ransmayr, geb 1954: österreichischer Schriftsteller („Die Schrecken des Eises und der Finsternis", „Die letzte Welt", „Morbus Kitahara"). ND vom 25. März 2000

Jens Reich, geb. 1939: Molekularbiologe. Am Ende der DDR Mitbegründer des „Neuen Forums". ND vom 16. Oktober 1993

Klaus Renft, geb. 1942: Begründer und langjähriger Chef der Klaus Renft Combo, die in der DDR Kultstatus hatte - ein Synonym für rauhe Unberechenbarkeit und Unbehaustheit. 1975 wurde sie verboten. ND vom 29. November 1997

Matthias Richling, geb. 1953: Kabarettist (ND: „Man kann Aphorismen nicht verfilmen, aber er kann sie federnd, fletternd, hüpfend, wippend, hochnervös dramatisieren.") ND vom 26. Oktober 1991

Georg Ringsgwandl, geb. 1948: bayrischer Punkclown und Rock-Kabarettist. ND vom 10. September 1996

Anna Rosmus, geb. 1960: erregte Aufsehen durch ihre antifaschistischen Forschungen in Passau und Umgebung. Geschwister-Scholl-Preis. Hauptgestalt in Michael Verhoevens Film „Das schreckliche Mädchen". ND vom 28. September 1993

Heleno Saña, geb. 1930: spanischer Autor, lebt seit 1957 in Darmstadt. Schreibt kulturkritische, sozialgeschichtliche Bücher. ND vom 11. Mai 1996

Carlos Saura, geb. 1932: spanischer Filmregisseur („Anna und die Wölfe", Elisa, mein Leben", „Peppermint Frappé"). ND vom 8. Februar 1993

Johanna Schall, geb. 1958: Schauspielerin und Regisseurin; Inszenierungen u. a. am Deutschen Theater Berlin, in Leipzig und Bremen, derzeit Schauspieldirektorin des Volkstheaters Rostock. Enkelin von Bertolt Brecht. ND vom 27. März 1998

Wolfgang Schaller, geb. 1940: Kabarettist. Autor, Regisseur und seit 1988 Leiter der Dresdner „Herkuleskeule". ND vom 30. Oktober 1999

Michael Schindhelm, geb. 1960: Quantenchemiker, nach der Wende Intendant der Theater Altenburg und Gera, jetzt Intendant in Basel und Autor der Bücher „Roberts Reise" und „Zauber des Westens". ND

Christoph Schlingensief, geb. 1960: Film- und Theaterregisseur, Aktionskünstler („Rocky Dutschke 68", „Tötet Helmut Kohl", „7 Tage Notruf in Deutschland", „Atta-Atta – die Kunst ist ausgebrochen"). ND vom 4. April 1998 und 29. September 1999

Wilhelm Schmid, geb 1953: Privatdozent für Philosophie in Berlin, Lehrtätigkeit u. a. in Tiflis und Riga. Schrieb mit „Philosophie der Lebenskunst. Eine Grundlegung" einen Bestseller. Weitere Bücher u. a. über Michel Foucault und Reinhold Messner (mit Volker Caysa). ND vom 29. Dezember 2001

Werner Schneyder, geb 1937: österreichischer Schriftsteller („Das Gefährliche an der Kunst", „Karrieren"), Kabarettist und Regisseur. Viele Jahre Zusammenarbeit mit Dieter Hildebrandt. Auch ZDF-Sportkommentator. ND vom 4. April 1995 und 22. Juli 2002

Horst Schroth, geb. 1948: Kabarettist, nennt sich selbst einen „künstlerischen Straßenköter". ND vom 14. Juni 1991

Toni Schumacher, geb. 1954: einer der erfolgreichsten, besessensten Fußball-Torwarte (1. FC Köln), zweimal Fußballer des Jahres, Vize-Weltmeister. Porträt-Buch „Toni Schumacher – Superstar", Berlin 1993

Gustav Adolf „Täve" Schur, geb. 1931: zweifacher Radweltmeister, Friedensfahrtsieger. In einer Umfrage der Zeitung Junge Welt zum „Besten und populärsten Sportler der DDR" gekürt; war Bundestagsabgeordneter für die PDS. ND vom 20. April 1996

Jochen Senf, geb. 1942: Schauspieler und Autor von Krimis und Kinderbüchern; bekannt als Kommissar Palu im „Tatort". ND vom 24. Dezember 2001

Michael Simon, geb. 1948: Theaterregisseur, Performancer. An der Wand seines Arbeitszimmers Walter Benjamins Verweis auf die Brecht-Devise, nicht ans gute Alte, sondern ans schlechte Neue anzuknüpfen. ND vom 13. November 1996

Peter Sloterdijk, geb. 1947: einer der streitbarsten deutschen Philosophen, seit 1992 Philosophie- und Ästhetikprofessor in Karlsruhe (Bücher u. a. „Kritik der zynischen Vernunft", „Weltfremdheit", „Sphären"). ND vom 20. Dezember 1997

Dorothee Sölle, geb. 1929, gest. 2003: Theologin und Schriftstellerin. Zwölf Jahre Professur in den USA. Ihre Aufforderung ans Leben: „Es muß doch mehr als alles geben!" ND vom 29. Mai 1993

Friedo Solter, geb. 1933: Theaterregisseur und Schauspieler, von 1959 bis 2001 am Deutschen Theater Berlin, setzte Maßstäbe mit Inszenierungen deutscher und internationaler Klassik. ND vom 6. April 1998

Uwe Steimle, geb. 1963: Schauspieler und Kabarettist. Mit Tom Pauls das erfolgreiche Sachsen-Duo Ilse Bähnert und Günter Zieschong. Im

Fernsehen dienstältester „Polizeiruf-110"-Kommissar Jens Hinrichs.
ND vom 25. Januar 2003

Peter Stein, geb. 1937: einer von Europas großen Theaterregisseuren, 1970/85 Chef der legendären Berliner Schaubühne, später Leiter des Schauspiels der Salzburger Festspiele, inszenierte für die Expo in Hannover, für Berlin und Wien ungekürzt beide Teile des „Faust" (22 Stunden). ND vom 13. Juni 1995

Carola Stern, geb. 1925: Schriftstellerin und Publizistin. Ging 1951 aus der DDR in den Westen. Mitbegründerin von „amnesty international" in Deutschland, jahrelang Journalistin beim WDR. Schrieb zahlreiche Biographien. ND vom 19. September 1998

Sting, geb. 1951: britischer Rockstar (Gordon Matthew Sumner). Gründete die Rainforest Foundation. ND vom 16. April 1994

Armin Stolper, geb. 1943: Dramatiker und Erzähler, dessen Arbeiten in der DDR zu den meistgespielten Theaterstücken gehörten („Zeitgenossen", „Himmelfahrt zur Erde"). Chefdramaturg in Halle und am Deutschen Theater Berlin. ND vom 10. Januar 1995

Johano Strasser, geb. 1939: Schriftsteller, Präsident des deutschen PEN. Prosa, Hörspiele, Lyrik, kulturkritische Bücher, zuletzt „Leben oder Überleben. Wider die Zurichtung des Menschen zu einem Element des Marktes". ND vom 10. November 2001

István Szabó, geb. 1938: ungarischer Filmregisseur („Vater", „Feuerwehrgasse 25", „Budapester Legende", „Mephisto", „Oberst Redl", „Hanussen", „Taking Sides – Der Fall Furtwängler"). ND vom 12. Juni 1993 und 21. Oktober 2002

George Tabori, geb. 1914: Schriftsteller und Theaterregisseur, arbeitete in Hollywood und seit 1968 in Deutschland. Mehrere Jahre am Burgtheater Wien, jetzt am Berliner Ensemble. ND vom 25. Oktober 1997

Katharina Thalbach, geb. 1954: Schauspielerin und Regisseurin. Spielte am BE und in der Volksbühne, ging 1976 mit Thomas Brasch in den Westen. Arbeit u. a. in Paris und am Berliner Schiller Theater, nach 1990 am Maxim Gorki Theater Berlin. ND vom 13. Mai 1998

Barbara Thalheim, geb 1948: Sängerin. Bis 1995 16 CDs und 20 Programme. Dann der Schlußstrich. 1998 wieder „20 Neue Lieder": Fazit eines mißlungenen Schweigens. ND vom 14. November 1998

Wolfgang Thierse, geb. 1943: Bundestagspräsident. In der DDR Arbeit in der Akademie der Wissenschaften, im Januar 1990 letzter Vorsitzender der wiederbegründeten SPD in der DDR. ND vom 18. Oktober 2001

B. K. Tragelehn, geb. 1936: Theaterregisseur, Schriftsteller. Meisterschüler bei Brecht, SED-Ausschluß nach der Uraufführung von Heiner Müllers „Umsiedlerin" 1961. Regisseur am BE, ab 1979 Inszenierungen in Westdeutschland. ND vom 12. April 1996

Giovanni Trapattoni, geb. 1939: einer der erfolgreichsten italienischen Fußballtrainer – bei Juventus Turin, AC und Inter Mailand, Bayern München und der italienischen Nationalmannschaft. ND vom 2. Mai 1998

Gero Troike, geb. 1945: Maler in Westfalen, viele Jahre Bühnen- und Kostümbildner an der Volksbühne und am Deutschen Theater Berlin. ND vom 24. Oktober 2002

Peter Turrini, geb 1944: meistgespielter Dramatiker Österreichs („Rozznjagd", „Josef und Maria", „Alpenglühen", „Die Schlacht um Wien", „Die Minderleister"). Gedichte, Drehbücher, Essays. ND vom 15. Juli 2002

Wolfgang Ullmann, geb. 1929: evangelischer Theologe, Mitbegründer von „Demokratie Jetzt", Minister ohne Geschäftsbereich im DDR-Übergangskabinett Modrow. Verließ wegen ostdeutscher Benachteiligung die Verfassungskommission des Bundestages. ND vom 29. Oktober 1994 und 18. Januar 1995

Sir Peter Ustinov, geb. 1921: britischer Schauspieler, Regisseur und Schriftsteller. In einem seiner Schulzeugnisse stand: „Peter beweist große Originalität. Sie muß unter allen Umständen gezügelt werden." ND vom 28. Dezember 1991

Paul Virilio, geb. 1932: französischer Philosoph, gründete kürzlich in Paris ein „Museum der Katastrophen". ND vom 18. Januar 2003

Martin Walser, geb. 1927: einer der großen deutschen Erzähler (jüngst: „Meßmers Reisen"). Sein Roman „Tod eines Kritikers" war eines der meistdiskutierten Bücher der letzten Jahre, ebenso die Rede in der Frankfurter Paulsrede (Friedenspreis des Deutschen Buchhandels, 1998). ND vom 24. August 2002

Konstantin Wecker, geb. 1947: Sänger und Komponist. 1977 internationaler Durchbruch mit der LP „Genug ist nicht genug". Die Ballade vom erschlagenen Willy wurde Kult. 1996 Drogenprozeß mit Bewährungsstrafe. ND vom 10. Februar 2003

Gila von Weitershausen, geb. 1944: Schauspielerin. Filme mit Belmondo, Piccoli und Massari, heute vorwiegend im deutschen Fernsehen. ND vom 8. April 1995

Ulrich Wildgruber, geb. 1937, gest. 1999: Schauspieler, einer der wichtigsten Protagonisten des Regisseurs Peter Zadek. „Ein Mensch der Rückkehr in die Natur, so ließ er sich von der Natur am Ende auch verschlingen" (Tankred Dorst) – Wildgruber wählte den Freitod in der Nordsee. ND vom 25. Mai 1998

Rolf Winkelgrund, geb. 1936: Theaterregisseur in der DDR (Potsdam, Maxim Gorki Theater und Deutsches Theater Berlin). ND vom 18. November 1995

Martin Wuttke, geb. 1962: Schauspieler, nach Heiner Müllers Tod Intendant des Berliner Ensembles, jetzt einer der nervenoffensten Stars an Castorfs Volksbühne. ND vom 30. Dezember 1995

Inhalt

Vorwort	7
I WAS IST LEBENSKUNST?	9
Wilhelm Schmid: Ein Lob der Bushaltestelle	11
II DIE VERSCHWÖRUNG DER HEITERKEIT	21
Räume, Träume	23
Fesseln, Freiheiten	35
Menschenart	43
Wechselndes Deutschland	52
III MILLIARDEN JAHRE IN UNS	65
Alexander Kluge	67
Martin Walser	73
Herbert Fritsch	85
Michael Krüger	93
Götz George	102
Gisela Oechelhaeuser	111
IV WELTRÄTSEL UND WEINBERGE	119
Kinder, Mütter, Väter	121
Siege, Scheitern	133
Alter, Tod	145
V LAUTER LETZTE FRAGEN	155
Anhang	173

ISBN 3-360-01231-3

© 2003 Das Neue Berlin Verlagsgesellschaft mbH
Rosa-Luxemburg-Str. 39, 10178 Berlin
Umschlagentwurf: Peperoni Werbeagentur, Berlin
Printed in Germany

Die Bücher des Verlags Das Neue Berlin
erscheinen in der Eulenspiegel Verlagsgruppe.

www.das-neue-berlin.de